中国工程院院士

是国家设立的工程科学技术方面的最高学术称号，为终身荣誉。

中国工程院院士传记

徐承恩传

应江宁 冯晓颖 刘树勇 宗建华 著

中国石化出版社
人民出版社

图书在版编目(CIP)数据

徐承恩传 / 应江宁等著 . —北京：中国石化出版社，2024. 10. —(中国工程院院士传记). —ISBN 978-7-5114-7637-1

Ⅰ. K826. 16

中国国家版本馆 CIP 数据核字第 20243NK054 号

中国石化出版社出版发行

地址:北京市东城区安定门外大街 58 号

邮编:100011 电话:(010)57512500

发行部电话:(010)57512575

http://www. sinopec-press. com

E-mail:press@ sinopec. com

北京科信印刷有限公司印刷

全国各地新华书店经销

*

710 毫米×1000 毫米 16 开本 10 彩页 16. 5 印张 216 千字

2024 年 10 月第 1 版　2024 年 10 月第 1 次印刷

定价:88. 00 元

徐承恩院士

1983 年，徐承恩（前排右三）随石油代表团在日本考察合影留念

20 世纪 80 年代，徐承恩（左一）会见外宾

1995年5月，中国工程院化工、冶金与材料工程学部首批院士合影（后排右三为徐承恩）

1996年4月，中国工程院化工、冶金与材料工程学部院士参观上海高桥石化公司（前排右一为徐承恩）

2005年，北京石油学会成立20周年，四位院士在石油化工科学研究院图书馆合影留念（从左至右依次为汪燮卿、徐承恩、侯芙生、李大东）

2017 年 3 月，徐承恩（前排左六）主持
石油化工管理干部学院连续重整装置专家培训班

2017 年 3 月，徐承恩（右）当选第三届感动石化人物，王玉普为徐承恩颁奖

徐承恩接受中央电视台采访

徐承恩在普光天然气净化厂（从左至右依次为孙丽丽、袁晴棠、徐承恩、曹湘洪和曹湘洪夫人）

1962 年 10 月，徐承恩夫妇合影

徐承恩与夫人王光林合影

全家合影

中国工程院院士传记丛书

总　序

20 世纪是中华民族千载难逢的伟大时代。千百万先烈前贤用鲜血和生命争得了百年巨变、民族复兴，推翻了帝制，肇始了共和，击败了外侮，建立了新中国，独立于世界，赢得了尊严，不再受辱。改革开放，经济腾飞，科教兴国，生产力大发展，告别了饥寒，实现了小康。工业化雷鸣电掣，现代化指日可待。巨潮洪流，不容阻抑。

忆百年前之清末，从慈禧太后到满朝文武开始感到科学技术的重要，办"洋务"，派留学，改教育。但时机瞬逝，清廷被辛亥革命推翻。五四运动，民情激昂，吁求"德、赛"升堂，民主治国，科教兴邦。接踵而来的，是 18 年内战、14 年抗日和 4 年解放战争。恃科学救国的青年学子，负笈留学或寒窗苦读，多数未遇机会，辜负了碧血丹心。

1928 年 6 月 9 日，蔡元培主持建立了中国近代第一个国立综合性科研机构——中央研究院，设理化实业研究所、地质研究所、社会科学研究所和观象台四个研究机构，标志着国家建制科研机构的诞生。20 年后，1948 年 3 月 26 日遴选出 81 位院士（理工 53 位，人文 28 位），几乎都是 20 世纪初留学海外、卓有成就的科学家。

中国科技事业的大发展是在新中国成立以后。1949 年 11 月 1 日成立了中国科学院，郭沫若任院长。1950—1960 年有 2500 多名留学海外的科学家、工程师回到祖国，成为大规模发展中国科技事业的第一批领导骨干。国家按计划向苏联、东欧各国派遣1.8万名各类科技人员留学，全都按期回国，成为建立科研和现代工业的骨干力量。高等学校从新中国成立初期的200所增加到600多所，年招生增至28万人。到21世纪初，高等学校2263所，年招生600多万人，科技人力总资源量超过5000万人，具有大学本科以上学历科技人才达1600万人，已接近最发达国家水平。

新中国成立60多年来，从一穷二白成长为科技大国。年产钢铁从1949年的15万吨增加到2011年的粗钢6.8亿吨、钢材8.8亿吨，几乎是8个最发达国家(G8)总年产量的2倍。20世纪50年代钢铁超英赶美的梦想终于成真。水泥年产20亿吨，超过全世界其他国家总产量。中国已是粮、棉、肉、蛋、水产、化肥等第一生产大国，保障了13亿多人口的食品和穿衣安全。制造业、土木、水利、电力、交通、运输、电子通讯、超级计算机等领域正迅速逼近世界前沿。“两弹一星”、高峡平湖、南水北调、高公高铁、航空航天等伟大工程的成功实施，无可争议地表明了中国科技事业的进步。

党的十一届三中全会以后，实行改革开放，全国工作转向以经济建设为中心。加速实现工业化是当务之急。大规模社会性基础建设，大科学工程、国防工程等是工业化社会的命脉，是数十年、上百年才能完成的任务。中国科学院张光斗、王大珩、师昌绪、张维、侯祥麟、罗沛霖等学部委员(院士)认为，为了顺利完成中华民族这项历史性任务，必须提高工程科学的地位，加速培养更多的工程科技人才。中国科学院原设的技术科学部已不能满足工程科学发展的时代需要。他们于1992年致书党中央、国务院，建议建立“中国工程科学技术院”，选举那些在工程科学中做出重大的、创造性成就和贡献、热爱祖国、学风正派的科学家和工程师为院士，授予终身荣誉，赋予科研和建设任务，请他们指导学科发展，培养人才，对国家重大工程科学问题提出咨询建议。中央接受了他们的建议，于1993年决定建立中国工程院，聘请30名中国科学院院士和遴选66名院士共96名为中国工程院首批院士。于1994年6月3日，召开了中国工程院成立大会，选举朱光亚院士为首任院长。中国工程院成立后，全体院士紧密团结全国工程科技界共同奋斗，在各条战线上都发挥了重要作用，做出了新的贡献。

中国的现代科技事业比欧美落后了200年。虽然在20世纪有了巨大进步，但与发达国家相比，还有较大差距。祖国的工业化、现代化建设，任重道远，还需要有数代人的持续奋斗才能完成。况且，世界在进步，科学无止境，社会无终态。欲把中国建设成科技强国，屹立于世界，必须持续培养造就数代以千万计的优秀科学家和工程师，服膺接力，担当使命，开拓创新，更立新功。

中国工程院决定组织出版“中国工程院院士传记”丛书，以记录他们对祖国和社会的丰功伟绩，传承他们治学为人的高尚品德、开拓创新的科学精神。他们是科技战线的功臣，民族振兴的脊梁。我们相信，这套传记的出版，能为史书增添新章，成为史乘中宝贵的科学财富，俾后人传承前贤筚路蓝缕的创业勇气、魄力和为国家、人民舍身奋斗的奉献精神。这就是中国前进的路。

宋健

2012年6月

致敬科学泰斗，传承精神灯塔（序言）

在历史的长河中，总有那么一些人，以他们的智慧与执着，点亮了科学的灯塔，照亮后人前行的道路。徐承恩院士，正是这样一位在中国石化史上留下一笔浓墨重彩的科学泰斗，他的名字宛如星辰，不仅在“感动石化”的荣誉中熠熠生辉，更在无数后辈的心中播下了科学与梦想的种子。

当我轻启这本传记，心中涌动的不仅是对徐院士的深深怀念，更是崇高的敬意。在那些跟随徐院士工作的日子里，我有幸目睹了他作为学者的坚持与执着，作为工程师的智慧与勇气，以及作为长者的谦逊与豁达。这本传记的编撰，在我看来，不仅仅是对徐院士生平事迹的回顾，更是一种精神遗产的传承。它承载着徐院士对国家的忠诚、对科学的热爱、对人民的深情，这些宝贵的精神财富，值得我们每一个人去继承和发扬。能为这本传记撰写序言我感到无比荣幸，但我深知，无论多么华丽的辞藻，都难以全面表达出我对徐院士的深深敬意。我只能以一名学生、一名后来者、一名跟跑者的身份，带着对前辈的无限敬仰，用我笨拙的笔触去讲述那些在我心中留下深刻印象的片段。

初遇：初见风采，铭记永恒

时光回溯至我初入职场的那年，那时的我怀揣梦想，踏入坐落在北京房山一条名叫“羊耳峪”山谷中的北京设计院，对这里的一切都充满了好奇和敬畏。不久，我有幸跟随老师参与到国家首套自主技术加氢裂化攻关项目中。一天，老师带着我去找徐院士讨论技术问题，那是一个阳光灿烂的午后，徐院士从办公室走出来，他的身影高大，儒雅而从容。他的笑容温暖而亲切，他的握手坚定而有力，一句“姑娘，欢迎你加入我们的团队”不仅驱散了我初入职场的忐忑，更在那一刻，让我仿佛看到了科学与梦想的光芒，感受到了来自前辈的期待与鼓励，那赋予了我面对挑战的勇气，激发了我追求卓越的决心。

攻坚：技术攻关，传承智慧

随着工作的进展，我们的办公地点搬到了北京钢铁学院南面的小平房。不久后的一个夜晚，我在办公室加班，猛然抬头发现徐院士和李昌毂总工程师推门走了进来，他们将两摞厚重的全英文资料轻轻放在我办公桌上，交给我一项艰巨的任务——对 Aspen plus 流程模拟软件进行二次开发与应用。对我这样一位化学工程背景且做工艺设计工作不久的工程师来说，那是一次前所未有的挑战，更是一份厚重的信任和沉甸甸的责任。面对挑战，我白天忙于日常工作，夜晚则沉浸在探寻那些英文资料和复杂工艺规律中，那是一段难忘的探索与实践经历。徐院士和前辈们的指导与信任，如同一盏明灯，照亮我前行的道路。他的鼓励，让我意识到技术的进步需要一代又一代人的不懈努力与持续创新。这些研究成果至今仍被借鉴，这不仅是对徐院士智慧的见证，更证明了他那洞烛先机的远见。

洞察：沉稳睿智，见微知著

成为公司副总工程师后，我有幸跟随徐院士参加技术评审。每一次会议，我都被他敏锐的智慧和深邃的洞察力所折服。徐院士总能从纷繁的信息中抽丝剥茧，直击问题核心、抓住问题本质，给出清晰的指导和建议。他那深邃的目光仿佛能穿透一切迷雾，直抵问题的根源。他的话语，如同织锦的经纬，仿佛每一条线都经过精心设计，织出了完美的图案。这不仅是对技术的精准把控、对各专业知识的深刻领悟，更是他对科研精神的深刻诠释。他以言行告诉我们全面掌握技术、深刻理解知识的重要性。这是解决复杂问题的关键，也是徐院士留给我们的宝贵财富。

坚守：晚年坚守，奉献不止

步入晚年的徐院士，依旧保持着每日上全班的习惯，他的办公室成了知识与记忆的宝库，堆满了书籍和资料。耄耋之年他常说："我就是喜欢看见你们努力工作的模样，我这么大年纪了还能在这里与你们一道工作，是我最大的快乐。"这份无私的奉献，令人动容。在公司成立65周年的庆典上，他作了主旨演讲，全程没有稿子，但字字句句都承载着对公司的深情与对后辈的期待，感动了在场的每一个人。演讲结束后，他微笑着缓缓地向我们走来，每一步都显得庄重而坚定。那一刻，我仿佛看到了一位科学家对科学事业矢志不渝的最高诠释，他的坚持，是对科学事业无限忠诚的最好证明。

结语：薪火相传，星辰指引

徐承恩院士的一生，是对科学无尽追求的缩影，是对国家的深情告白，是后辈无尽的灵感源泉。通过这本传记，我们共同回望徐院士的辉煌足迹，感受精神的强大力量，继承科研的宝贵遗产。以徐院士为镜，让科研精神薪火相传，让我们在科学的征途上砥砺前行，为国家繁荣和民族复兴贡献我们的力量。

徐院士，您的智慧如同星辰，您的精神如同炬火，永远照亮我们前行的道路。纸短情长，我们永远怀念您，永远向您学习。

孙丽丽

目　　录

导　言

徐承恩自1949年大学毕业后就投身能源工业的建设与发展，从煤制油、页岩油到炼制石油，几十年奋进不已，逐步成长为中国炼油技术领域的专家、设计大师。炼油技术的发展对于国家至关重要，特别是中华人民共和国成立初期，我国的炼油技术十分落后，除了学习苏联的技术之外，主要是依靠自己的力量，艰苦奋斗发展起来的。徐承恩经历了中国石油工业发展的艰苦历程，也见证了它的辉煌。

在中学和大学学习期间，徐承恩受到许多名师的教诲，打下了坚实的专业基础。在浙江大学的学习，让徐承恩对中国的未来有了新的认识，这也决定了他一生的命运。当他大学毕业时，东北开始大规模的工业建设，需要大批人才，他就与同学北上，参加锦州合成油厂的复建工作，从此把一生奉献给祖国的炼油事业。虽然徐承恩进入炼油行业多少有些偶然，但由于他在工作中逐渐认识到炼油事业对于国防和民生的重要性，加上政治思想觉悟不断提高，选择献身炼油工业，也就成为必然了。在煤制油和页岩油的炼制工作中，他跟随赵宗燠教授和武宝琛教授学习，受到他们的指导，受益终身。

徐承恩在锦州合成油厂工作期间，最初接触到的技术是当时的先进技术——煤制油技术。中国石油工业在20世纪50年代的建设方针是人造油(包括煤制油和页岩油)和天然油并举。由于战争的破坏，他们用了两年的时间才恢复了锦州合成油厂的生产，工厂的复工为抗美援朝作出了贡献。在大庆油田发现之后的1961年底到1962年初，石油工业部确定了炼制石油的5个关键技术攻关项目，即流化催化裂化、铂重整、延迟焦化、尿素脱蜡、微球催化剂与添加剂，这5个项目被称为“五朵金花”。作为重点攻关项目，这无疑是一道开发石油炼制技术的“动员令”。像徐承恩一样的众多科技人员都投身到这些新任务之中。中国石油行业的“五朵金花”，部分填补了中国石油炼制技术中的“空白”，提高了石油炼制技术的整体水平。

在“五朵金花”的研发工作中，徐承恩承担了针对大庆原油(含蜡高)特点的尿素脱蜡工艺的研发任务。经过3年多的努力，克服了重重困难，终于研制成功尿素脱蜡装置。徐承恩曾经回忆起当时的情况，由于时间紧、任务重、压力大，大家都要夜以继日地苦干。为了争取时间，当时只能双管齐下，即边进行试验，边进行设计。在设计之时，如何设计反应器更是一道难题。借助不多的资料，摸索着干，最终完成了尿素脱蜡装置的设计任务。

徐承恩一生大都在石油工业部北京设计院(简称北京设计院，现中国石化工程建设有限公司)工作，负责炼油工程设计和审核，到底参加过多少炼油厂的设计和审核工作已难以记起来了。对于每个设计，他都秉承着一种理念，即“我们每设计一个新炼油厂或新装置，都应该吸取成熟的新技术加以改进，设计工作者应该经常关注新技术，把国内外新技术在新炼油厂的设计中体现出来。而且，要不断改进设计，不能总是照搬以前的老设计”。在“文化大革命”中，他参与朝鲜和阿尔巴尼亚的炼油厂建设，不顾当时所受到的“不公正待遇”，依然兢兢业业，任劳任怨，对于设计工作一丝不苟，至今回忆起来依然是无怨无悔。他总是说：“苟利国家生死以，岂因祸福避趋之。”

徐承恩院士目光长远，善于推陈出新。在20世纪80年代，他认为，从石化建设大局出发，我国应摆脱苏联设计模式的影响，尽可能提高炼油厂建设效率，降低炼油厂建设费用，提高炼油厂自动控制水平。徐承恩院士指导北京设计院在新建的福建炼油厂中实现了设计模式改革，开我国炼油厂设计模式改革之先河。进入21世纪，中国石油化工的现代化建设瞄准了世界发达国家的大型化规模，而早在20世纪90年代，徐承恩就开始对我国炼油厂大型化进行深入的思考，并通过收集大量文献、数据，严密论证了我国炼油厂大型化的必要性与可行性。像徐承恩院士这样的老一辈科学家，对石油化工企业的发展自然是永远关注的。徐承恩院士认为，在今后一段时间内，建设大型的石化企业是石油工业发展的方向之一，特别是像中国这样的大国，大型石化企业的布局与中国工业的布局和大城市的规模应是密切相关的。大型化的石油化工企业可以节省人力和成本，也能节省占地面积，并且还可以降低能耗，更加有利于炼油与化工的一体化建设。发展大型的石化企业要立足于国内，无论是设备、资金，还是技术。徐承恩辩证地指出，炼油厂大型化的前提是装置的大型化，大型炼油厂不能是若干小型装置的组合。同时，大型化装置应该采用具有新技术的设备，而非旧式设备的几何放大。当然，大型化的"大"也要考虑企业的建设条件，不应该盲目地追求大型化。大型设备往往不易运输，若现场制造，成本会增加，大型炼油厂还要考虑市场开拓的问题。

科技人员不只是要从战略上思考石化企业的发展，还应注重经验的传承和理论的总结。例如，在催化重整新技术的研发过程中，徐承恩院士大力支持北京设计院开发逆流催化重整技术，成功实现了这一具有我国自主知识产权的新技术。徐承恩院士还主编了《催化重整工艺与工程》一书，反映出他对于学术研究的重视，善于总结经验，开发新技术，促进了石油炼制技术的进步。中国石油化工股份有限公司原高级副总裁曹湘洪院士对于徐承恩院士的评价是："徐院士对于我国炼油工业从长远看应该怎么发展，是有比较深入的思考的，所以在一些重大问题上是比较有见地的。他作为一个炼油系统的工程设计大师，对我们21世纪炼油企业、我们的炼油厂应该怎么发展，尤其是在工艺技术应该怎么选择方面，他的思考，他提出来的观点，现在看起来是非常具有战略性的。"

徐承恩七十多年如一日"初心不改"，关注着中国炼油石化事业，勾画着中国石化未来发展的蓝图。这种"初心不改"的精神也成为中国石化企业精神的一部分。

第一章

少小离家 辗转求学

徐承恩出生于浙江省诸暨县(后改为诸暨市)紫阆乡(后改为紫阆村)。浙江物产丰富，是典型的鱼米之乡，并且有“丝绸之府”之称。这里也是古代吴越文化的发源之地，是中国远古文明著名的发祥地之一。早在5万年前的旧石器时代，就有“建德人”在这里活动。

西方近代科学文明传入中国之后，在浙江地区产生了重要的影响，特别是在20世纪20年代，经过“新文化运动”的洗礼，民智得到极大的开发。民国时期的教育改革基本上继承了晚清的改革，并大大地推动了初等教育的发展。在开办和普及新式教育的活动中，在广阔的农村地区，也因陋就简，通过充分地利用宗祠和庙宇的房屋(充作教室和办公室)，支撑新式教育的开展。到20世纪30年代，由于国家提倡新生活，并大力发展实业，向民众普及科学知识的活动也得到了极大的重视。

第一节　徐家少年好读书

诸暨位于浙江省中北部，北邻杭州，东接绍兴。诸暨历史悠久，是越国故地，西施故里，越文化发祥地之一，自古文化昌盛，是人文荟萃之地。诸暨紫阆村，位于诸暨市西北部，坐落在有“轻纺重镇”之称的应店街镇。紫阆村原属于杭州富阳县，20世纪50年代，因其距离富阳县城较远，其行政区划变更，划归到诸暨。紫阆周围群山环抱，风景秀美，地势自西向东倾斜，一水纵贯其中，著名的五泄景区便位于此，而紫阆村就位于高山顶上的一个小平原上。由于紫阆村地处偏僻，多山，耕地较少，经济发展较慢，整体上较为贫困。

在紫阆这个地处山区的村庄中，1927年1月21日，徐承恩降生在村中的一个小康之家。徐氏是浙江的大姓，并且分布比较广。据徐氏族谱记载，徐氏先祖自宋初即迁居至紫阆村，至今已三十余代，是紫阆村最大的氏族，人口占紫阆村的 4/5 左右。徐承恩的父亲徐义廷(1906—1946，字秉三)，先后从阆苑(紫阆)高小和诸暨县立中学毕业。他在村里属于有文化的人。他生性耿直，曾任阆苑(紫阆)乡乡长。母亲汪夏菊(1905—1988)是一名普通的家庭妇女，性格温婉、吃苦耐劳，虽不识字，却通情达理、持家有道。

徐承恩父亲徐义廷(1906—1946)

徐承恩母亲汪夏菊(1905—1988)

从徐承恩于 1951 年 7 月 10 日填写的"自传书"(表格)来看，徐承恩的成长历程是很艰辛的，特别是在接受中学教育期间。从他的"自传书"的提纲看，由于当时的徐承恩较为年轻，除了"一、家庭状况"和"三、社会关系"之外，表格中的"四、政治活动"尚属空白，其"二、个人历史"和"五、其他"是重要的内容。这些内容也为编写徐承恩的求学经历提供了珍贵的资料。

在徐家，徐承恩上有一姐徐绥茶，下有两弟徐承惠和徐承业，以及一妹徐惠民。在徐承恩出生时，他的父辈创下了一些家业，也算是个殷实之家，这样的家庭应该能给他提供较为优裕的生活条件。对于家中的情况，徐承恩曾深情地回忆道："当我出生的时候，我家还是个大家庭，自己(家)雇着两个长工种地，又兼营着做纸的手工业。在村中算起来，也是少数富有者之一，更因我是长子，父母比较宠爱，所以在幼年这一阶段，生活得很舒适。”除了田地，徐家还有山地两块，种有毛竹。富阳是一个有着造纸传统的地区，所以在徐家还有一个利用毛竹造纸的作坊（当地人称为“槽坊”）。徐家的造纸作坊仍旧用传统的工艺，可以生产出毛边纸，造纸的收入加上种田的收成，足以让徐家在紫阆村算得上富裕人家。

“其实，家庭的经济情形，在我祖父的时候，并不富有，仅够温饱而已。祖父死后，父亲兄弟三人就没有分家，靠他们的努力经营，家庭的经济情形日趋好转。到我出生的时候，在村里已经算是少数富有者之一了。”徐承恩说。可见，徐承恩的父辈诸兄弟是非常能干的，靠着自己的劳动和才智积累起一些田产和房产。

对于家里造纸的“槽坊”，徐承恩也有回忆，即“我家大约有着四五十亩地，一半雇长工耕种，一半租给佃户，此外还有着几块山地，并兼营做土纸的‘槽坊’。一家的生活一直到抗战发生前，都过得很好”。对于具体的情况，徐承恩也承认，“详细的家产数字，因为从未干预过家事，所以不知道”。其实，富阳的造纸业已有近两千年的历史，有着中国“造纸之乡”的美誉，至今仍是富阳县的重要产业。此外，从徐家的“槽坊”可以看出，徐承恩的父辈很有经营的意识，其能力也是明显的。正如徐承恩在工作之后，总提到他的“纯经济”观点，尽管他总是要为此作“检查”，因为那个年代是强调政治挂帅的。徐家的这种经营意识，大概也深深地渗透在徐承恩的潜意识之中。

紫阆虽地处偏远，却一向尊师重教。村中有一所小学，名为紫阆完小（即完全小学）。紫阆完小，原名为“富阳县阆苑小学”，它的前身是清康熙九年（1670 年），徐家第二十四代子孙合力创办的私塾——“紫峰书屋”。在徐承恩上小学时，这个小学校已经有 260 多年的历史了。当时的私塾位于紫阆村后书房背后。1910 年，地方士绅徐振翰（号西园先生，生于清同治九年，即 1870 年）和徐巧安等人在徐氏宗祠内创办阆苑小学，当时人数有 100 人左右。20 世纪 50

年代以来，阆苑小学先后改名为紫云公社中心小学、紫云乡中心学校等。1980 年，政府为小学校另选地址，搬离了徐氏宗祠；1992 年，小学校又更名为诸暨市应店街镇紫阆完小，并沿用至今。

徐氏宗祠，位于浙江诸暨紫阆村

1933 年，徐承恩进入紫阆完小就读。当时这个学校的校长是一位前清秀才，在乡里德高望重，虽饱读诗书，但“知识有些陈旧，对外面的世界不了解”。在回忆上小学这段经历时，徐承恩写道：“在七岁的时候，我进入了本村的中心小学，一直在那里念了六年，到十三岁(虚岁)时毕业。因为在小学的成绩一直都还不错，所以家里早就决定让我继续升学。”徐氏宗祠距离徐承恩家祖宅仅几步之遥。由于乡村条件较差，交通不便，外乡的老师不愿到紫阆完小教书。学校里的老师大多由本村居民担任。他们在县城读过初中后，回来就在该小学教书。即便如此，徐承恩还是在紫阆完小无忧无虑地度过了几年，并于 1938 年小学毕业。

徐承恩是徐家长子，父亲对他的教育非常关心，考虑到私立中学收费甚高，难以负担，于是决定让徐承恩报考离家较近的浙江省立绍兴中学。浙江省立绍兴中学的前身是 1897 年山阴(即绍兴)乡绅、维新人士徐树兰创办的绍郡中西学堂，这座新式学堂仿照实业家盛宣怀创办的天津中西学堂，达到二等学堂的规制，并在清廷备案，领绍兴乃至浙江近代教育之先。1898 年，蔡元培出任学堂总理，1899 年，学堂更名为绍兴府学堂。蔡元培“总理”学堂之时，曾力排对新学的阻挠和干扰，推进新式教育。他还购置科学仪器，改革课程，自编教材，先后增设测绘、物理、化学等课程。1912 年奉省令将该校改称浙江省立第五中学。1933 年秋，学校改名为浙江省立绍兴初级中学；1938 年秋，恢复高中部，改名为浙江省立绍兴中学。其间，何寿章(字豫才)、徐锡麟、鲁迅都曾在绍兴中学任职。他们提倡关注社会实际，注重实验教学。学校领导整顿学风、规范管理、改革考试办法，学生学业水平获得大幅提升，学校也声名鹊起。

1938 年夏，徐承恩前去报考绍兴中学，却没被录取。原来，徐承恩一直在紫阆完小读书，对中学考试的规则不甚知晓。当时初中和高中的入学考卷是密封的，人手一卷，不允许学生在卷面上留下个人信息或特定记号。而徐承恩则按照原来在紫阆完小的考试规矩，在卷面上写下名字，这导致考卷作废。回到家中，徐承恩被父亲责怪，说他“不懂事，连考试都不会考”。尽管如此，父亲为徐承恩的前途着想，考虑到乡间环境闭塞，认为应该让徐承恩到外地学习，增长见识。于是，父亲通过朋友的帮忙，在 1939 年上半年把徐承恩送到浙江省立绍兴中学附属小学(简称“绍中附小”)复读半年，认真复习准备，以继续考中学。绍中附小距离紫阆有百里之遥，交通极为不便。但为了学习，少年徐承恩毅然走出大山，离开家乡紫阆，寄宿在绍中附小中，从此开始走上独立的求学之路。

徐承恩插班到绍中附小的六年级，虽然复读的时间仅有短短的半年，却对徐承恩的一生产生了非常深刻的影响。绍中附小与绍兴中学一脉相承，师资优良，教学水平高，半年的学习给徐承恩带来了好“运气”，由此之后，徐承恩无论投考初中、高中，还是大学，从未失利，都考出了好的成绩，从而掌握了选择学校的主动权。用徐承恩自己的话来讲，就是“这个基础打得好，决定了我一生的命运”。

与徐承恩原来就读的紫阆完小不同，绍中附小的老师毕业于正规的师范院校，不仅能把课本上的知识讲得透彻清楚，而且还常常另外给学生补充一些课外知识。最让徐承恩铭记在心的是，他的级任老师——蒋仁培先生。蒋仁培先生是江苏宜兴人，不仅教学水平高而且非常敬业。徐承恩回忆，1939 年，杭州沦陷，日本飞机从杭州飞到绍兴轰炸。是年 5 月，日军原拟轰炸绍兴最高政府机构——浙东行署的炸弹，误投在邻近的绍中附小操场上。学校随即决定一至五年级的学生全体放假，由于六年级的学生马上要考初中，必须把未学的知识学完，于是要求级任老师蒋仁培先生带领学生到绍兴龙尾山(位于绍兴福全镇)乡下躲避，同时把功课教完。龙尾山乡下生活条件较差，蒋仁培老师不仅要照顾学生的起居，还一人身兼多职，负责几门课的教学。虽然任务繁重，但他严格要求自己和学生，对工作一丝不苟。虽然后来徐承恩又接触到很多好老师，但是少年时接触到的第一个好老师至今仍让他感念在心。

1939 年夏，徐承恩从绍中附小毕业，顺利考取了绍兴中学。但绍兴距离敌占区很近，与杭州仅隔一条钱塘江，日军随时可以流窜至此。一想到日军到来就要中断学业，徐承恩和家人都很担心。为了安心读书，父亲建议徐承恩另外报考其他学校。徐承恩听闻浙江省立临时联合中学(简称“省联中”)在浙江南部的丽水县碧湖镇(2000 年改为莲都区)成立，决定前去报考。报考“浙江省立临时联合初级中学”(简称“省联初”)，需要参加语文、算术、历史、地理等科目的考试，徐承恩从小对历史最感兴趣，在“省联初”的入学考试中，他的历史成绩也是最好的，但是后来大学读书时和参加工作后徐承恩并没有选择历史作为自己学习和研究的方向。当然，这是因为徐承恩还有另外的考虑。

1937 年 12 月，浙江最富庶之地——杭州、嘉兴和湖州（三地被称为“杭嘉湖”）相继被日军入侵，杭州的一些学校停课并被疏散，向浙西、浙南迁移。1938 年 6 月 14 日，浙江省政府委员会决议，将撤至浙南的省立杭州高级中学、省立杭州初级中学、杭州女子中学、杭州师范学校、民众教育实验学校、嘉兴中学和湖州中学等七校合并，组成“浙江省立临时联合中学”。1938 年 9 月 18 日，“省联中”在丽水县碧湖举行始业式，正式上课。该校具体分为初中、高中和师范三部，原省立杭州初级中学校长唐世芳任校务委员兼初中部主任，张印通任主任委员兼高中部主任。1939 年 6 月 20 日，浙江省府委员会第 1080 次会议决议，“省联中”改组，初中、高中和师范三部分别独立，原初中部改为“省联初”，由唐世芳担任校长，学校借用碧湖沈家祠堂和叶家祠堂办学。1940 年秋，唐世芳辞职回川，教育厅派章湘伯继任。“省联初”校风一直提倡勤教、勤改、勤学、勤作，强调培养良好之读书风气与主动研究精神。1942 年夏，日军窜扰浙南，向碧湖进犯，“省联初”连夜疏散，迁往景宁，以敬山宫为校舍。对这一时期的学习和生活，徐承恩写道：“在‘（省）联初’，我一直念了三年。这中间，除了碰到一次敌人流窜，受点虚惊以外，大体说来，还能安静地念书。这对于当时的情形来讲，已算得天独厚的了。当在‘（省）联初’快要毕业的时候，浙东事变发生了。敌人大举进攻，国民党军队节节败退，使敌人长驱直入。学校所在地很快就变成了沦陷区。我就跟着学校一直逃到浙闽边境的景宁县。不久，又被分发到浙东第三临时中学（简称‘三临中’）。这是一个为了收容这次浙东事变中逃难的学生而设立的中学，因此师资设备都甚差。我觉得不满意，就约了几个同学去投考浙江省立临时联高，结果被录取为公费生，于是我就离开浙东‘三临中’而到‘（省）联高’去了。”战乱期间，尚能读书，已属不易，能不珍惜？徐承恩还能挑选学校——“择校”，更属难得。

第二节　动荡年代的求学之路

有了绍中附小扎实的基础，徐承恩顺利考取了“省联初”。但是，到底选择“省联初”，还是别的中学校，徐承恩有自己的考虑。他认为，“省联初”由几个学校合并而来，师资雄厚；且丽水离沦陷区较远，日军即使进犯，也要几天才到，有应变的时间。应该说，徐承恩的考虑是比较周全的，像他这样的年纪就能想得如此周全，确实难得。这就应了一句话——“穷人的孩子早当家”，徐承恩甚至还要“早做主”了。

于是在1939年，徐承恩选择去“省联初”就读。丽水碧湖距离紫阆路途遥远，年仅12岁的徐承恩经过义乌、金华、永康、缙云，步行四五天终于到达丽水。在初中这三年中(恰在抗日战争期间)，徐承恩一直都没有机会回家。少小离家，独自求学，这样的经历造就了徐承恩坚韧不拔、乐观积极的性格。不过，这时徐家的收入已经大减，对此徐承恩回忆道：“抗战发生后，因为土纸销路一落千丈，‘槽坊’生产陷于停顿，加之家庭人口渐多，一切费用增大，经济情形就渐趋拮据。当时曾拟分家，但因房子未造好，叔叔在外面做事不能回家，因此就未分成，一直到1948年，三家才正式分居，分到了多少田地，因为我一直在外求学，也并不清楚。”这样的境况，支持徐承恩求学是有困难的。

“省联初”的生活是非常艰苦的，当时，“为了减轻家庭的负担，所以在考上的几个中学中，我选择了浙江省立临时联合初级中学，因为这是从沦陷区撤退出来的一所学校，凡对从沦陷区来的学生，都有救济。这样，我求学的时候，只需要家中供给零用钱就行了，对经济状况日趋困难的家庭，帮忙不少”。“在联(合)初(级中学)这一阶段，除了碰到日寇的几次流窜扫荡，受到点儿虚惊之外，大体说来，还算过得平静，生活虽然苦一点，但却可安心读书，比起另外一些学校，常常忙于逃难，总算得天独厚了。”徐承恩说。

学校没有校舍，借用了碧湖当地的沈家祠堂和叶家祠堂，还有一座叫“洞主殿”的庙宇作为学生宿舍。晚上，学生都睡在竹条钉成的大通铺上。教室是临时建造的，用竹片编起架好，外面抹泥作为墙，用稻草打捆作屋顶。伙食虽基本能吃饱，但营养匮乏，主食大多是糙米饭，而副食只能煮几颗豆子当菜，这就是很不错的一餐了。学生衣被单薄，冬天仍有穿草鞋的，许多学生身上常有虱子。夏天师生还可到附近的瓯江游泳洗澡，其他季节则不能了。虽然生活条件艰苦，但“省联初”师生都保持着积极和乐观的精神面貌，并没有人叫苦，更没有人垂头丧气。20 世纪 90 年代，徐承恩曾到杭州拜访当年的级任老师俞芳，俞老师曾深有感慨地说：“我看到现在学生生活上学的条件，很难回想你们这帮孩子当时是怎么熬过来的！”国难当头，兴许这更加激发了学生勤勉刻苦地学习，督促老师更加认真敬业地教书。不用刻意地进行爱国主义的教育，大家都对日军怀有满腔仇恨，并把爱国的情感装在每一个人的心中。“那时候读书太难了，课堂上我们一只耳朵听课，另一只耳朵却要听防空警报。”徐承恩感慨道，“落后了要挨打，只有在当时的背景里，你才会有切身体会。”由校长唐世芳作词，音乐教师俞绂棠作曲的《联初校歌》和《联初童子军团歌》，由于充分表达了师生的精神面貌和爱国情操，是全校师生十分喜爱和经常唱的两首歌曲。虽然至今已时隔 70 多年，徐承恩仍十分清晰地记得歌词。两首歌的歌词如下：

联初校歌

群峰围广地，绿草碧如湖
患难来修学，勤劬倍往初
试一问
三忠高镇明圣湖

烟雨轻笼鸳鸯湖
英家腾光碧浪湖
千秋胜景今何如
不堪敌马纷纷摧
无奈灾黎惨惨呼
忍听河山遽改色
誓倾汗血洗尘污
伯兄居前导
仲昆更后扶
钱江冲浪过
策马入名都

联初童子军团歌

光辉灿烂沧海日
波澜壮阔浙江潮
×××团童子军
浩然志气干云霄
振起身心，自强不息，多少英豪
德业修美，体魄壮健，人格崇高
勇敢快乐勤服务
舍身取义厉坚操
南山下，瓯江畔，训练辛劳
夜卧薪，日尝胆，誓挽狂涛
一生志愿强中国
石烂海枯终不消
他日破敌归还日
策马高歌过六桥

“省联初”各年级的级名分别冠以“奔流”“铁血”或“醒狮”等名称，表现出抗日和爱国的决心。

“省联初”的老师大多来自原省立中学，师资力量雄厚，教学水平较高。老师们能开设出语文、数学（初一年级开设为算术，初二开设为代数，初三开设为几何）、英语、历史、地理、自然、动物、植物、图画、音乐、劳作等课程，从初中二年级开始设置物理课，三年级开设化学课。组成“省联初”的几所学校在南迁时都要克服种种困难，极力将学校原有的大量图书、实验仪器一起迁出。在“省联初”成立后，虽地处偏远的碧湖，学校图书馆仍藏有《先秦诸子百家》《英文名人演说》《商业英语词典》《中外地理大全》和《现代外国人名词典》等中英文著作和工具书，可供学生阅读。除了正常上课以外，学校还给学生的课外时间安排了各个科目的补习以及自修内容。可以说，在“省联初”的3年学习中，虽然生活条件差，但学校基本上还能提供较好的学习条件，有一个适宜的学习环境。学生在上学期间除时有空袭警报需到野外躲避一下外，大部分时间都可以安心上课，过得平静又充实。徐承恩十分珍惜难得的学习机会，勤奋刻苦，成绩始终保持在班级前十名，也为以后高中、大学的学习打下了坚实的基础。

“省联初”图书馆所藏部分书籍

从徐承恩的初中各科目成绩单中可以看出，他的历史、化学、植物、地理、动物等几门功课成绩最好，据徐承恩回忆，初中阶段自己仍然对历史最感兴趣，其次是化学。化学课上，虽然没有涉及当时世界上最前沿的化学进展，但化学的基础内容，如酸碱盐、元素、化学反应等，老师都会讲授并且浅显明白，也为后来徐承恩从事化学化工事业打下了最初的基础。

徐承恩初中期间各学科成绩 单位：分

科目	各学期平均成绩	各科毕业考试成绩	各科毕业成绩
公民	74	70	85
生理卫生	88	88	88
国文	76	75	77
英语	80	76	83
数学	79	75	82
植物	92	92	92
动物	87	87	87
化学	87	92	92
物理	85	85	85
历史	88	82	92
地理	86	85	86
图画	73	79	69
音乐	80	78	81
童子军	72	70	73
劳作	75	70	79

徐承恩初中毕业成绩单 单位：分

第一学年成绩	81
第二学年成绩	81
毕业学年第一学期成绩	79
操行成绩	77
体育成绩	68

在“省联初”期间，给徐承恩印象最深的是他的级任老师（即班主任），同时也是徐承恩初中三年的数学老师——俞芳。俞芳

（1911—2012），是浙江绍兴著名的俞氏三姐妹（俞芬、俞芳、俞藻）之一。其父俞英崖（1876—1955）是蔡元培的朋友，同盟会会员。俞芳从北京师范大学毕业后，在嘉兴中学任教，抗战初期，学校南迁合并至浙江省立临时联合中学。解放后任湖州中学、杭州大学附中副校长。俞芳老师终生从事教育事业，桃李满天下。香港报人、作家金庸也是俞老师的高足。在“省联初”期间，俞芳不仅承担数学教学兢兢业业，且担任级任老师时，她以慈母般的爱心照顾学生的起居，常常烧开水给学生烫衣被上的虱子，给患脚炎的学生按摩，替家境困难的学生交饭费……在饱尝艰辛的流亡岁月中，俞芳爱生如子，师生间建立了深厚的感情。徐承恩与俞芳老师朝夕相处的三年间，所受的教诲早已融进身心，对徐承恩产生了深远的影响。

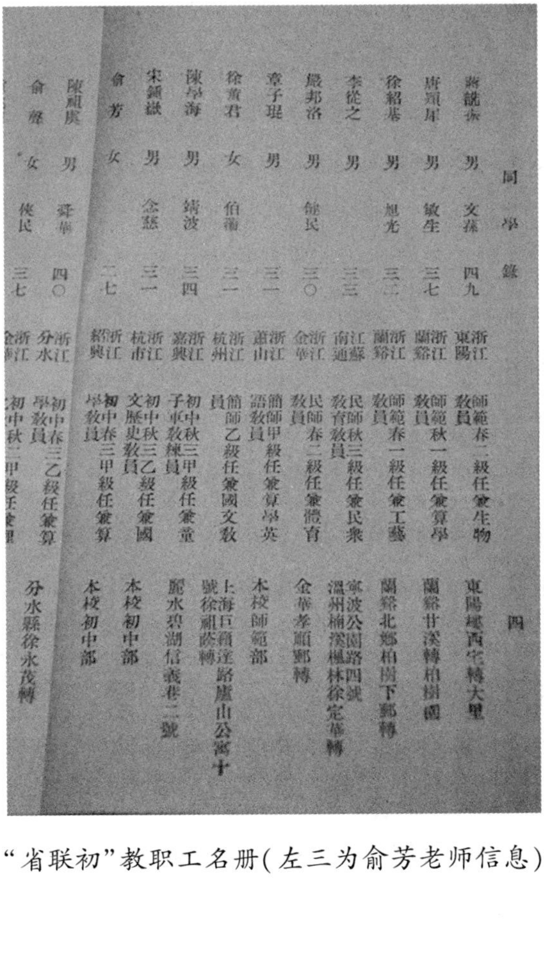

同學錄　四

蔣競[illegible]	男	文蓀	四九	浙江東陽	師範春二級任兼生物教員	東陽[illegible]西宅轉大塱
唐[illegible]犀	男	[illegible]生	三七	浙江蘭谿	師範秋一級任兼算學教員	蘭谿廿溪轉柏樹園
徐紹基	男	旭光	三二	浙江蘭谿	師範春一級任兼工藝教員	蘭谿北鄉柏樹下鄭轉
李從之	男		三三	江蘇南通	民師秋三級任兼民衆教育教員	寧波公園路四號 溫州楠溪楓林徐宅華轉
嚴邦洛	男	[illegible]民	三〇	浙江金華	民師春二級任兼體育教員	金華孝順鄭轉
章子琨	男		三一	浙江蕭山	簡師甲級任兼算學英語教員	本校師範部
徐蕙君	女	伯[illegible]	三一	浙江杭州	簡師乙級任兼國文教員	上海巨籟達路廬山公寓十號徐祖蔭轉
陳學海	男	靖波	三四	浙江嘉興	初中秋三甲級任兼童子軍教練員	麗水碧湖信義巷二號
宋鍾嶽	男	念慈	三一	浙江杭市	初中秋三乙級任兼國文歷史教員	本校初中部
俞芳	女		二七	浙江紹興	初中春三甲級任兼算學教員	本校初中部
陳祖庚	男	舜華	四〇	浙江分水	初中春三乙級任兼算學教員	分水縣徐永茂轉
俞馨	女	俠民	三七	浙江金[illegible]	初中秋二甲級任兼[illegible]	

“省联初”教职工名册（左三为俞芳老师信息）

1942年5月，正值徐承恩初中三年级下学期，日军发动了大规模的浙赣战役，永康、金华、义乌相继沦陷，丽水告急。“省联初”决定搬迁到浙南的景宁县。景宁是畲族自治县，藏在崇山峻岭中。“省联初”原本打算通过水路运送学校的图书、仪器，但战况吃紧，水路已经走不通了，只能由学校师生帮助搬迁。由于学生年纪尚小，只能少量多次来回搬运。路上只能自己带米煮饭，到农田里摘地瓜叶子，再以盐水煮后当菜，其艰辛可想而知。其间徐承恩还因营养不良，缺少维生素A患了夜盲症，幸运的是后来治愈了。

“省联初”搬迁至景宁县后，像徐承恩这样的初三学生要面临毕业，毕业后该何去何从，让他们万分着急。听闻浙江省教育厅为了收容从新沦陷区流亡出来的中学生又新成立了浙东第三临时中学，地点在浙江省瑞安县(今属浙江省文成县)，“省联初”即将初三毕业生分配到“三临中”。抵达瑞安后，徐承恩与几个同学发现，虽然“三临中”吃住全管，但学校尚未筹备好，所请的教师都还没有到达，更不用说图书和实验仪器的准备了。此时，传来浙江省立联合高级中学(简称“省联高”)搬到青田县南田乡，当年9月即开始招考的消息。

青田县位于浙江省东南部，建于公元711年，因县城北隅山麓水田盛产青芝而得名。瓯江穿境而过，风景秀丽。青田历史悠久，钟灵毓秀。元末明初军事家、政治家及诗人刘基(1311—1375，字伯温)就是青田县南田乡(今属浙江省文成县)人，“省联高”的校舍即安置在刘基庙中。南田距离瑞安龙川乡只有50里路，不用一天就可以走到。徐承恩和“省联初”一起毕业的二十多名同学商量后，决定赴南田报考“省联高”。与浙东“三临中”不同，“省联高”只有考取公费生才能免除上学的费用，且公费生的比例只有14%。考虑到学费问题，徐承恩决定做两手打算，如果考上公费，则去“省联高”，否则仍然留在“三临中”。

1942年8月，徐承恩顺利考取“省联高”，10月，入学就读，但入学时还是遇到了麻烦。按照当时的规定，公费生入学注册时，要向学校提供“家境清贫证”，而徐承恩当时是随着学校逃亡出来的，与家庭已经失去了联系，短时间不可能取得这样的证明。好在天无绝人之路，他的一位堂兄，已在“省联高”求学，打听到“省联高”教务处的陆先生有一位同学在青田县政府担任教育科长，于是请陆先生帮忙写一封信给他的同学，替徐承恩在青田县政府办了一张“家境清贫证”，这样才在“省联高”注册入学。

在中学读书时，由于出版业基本上被破坏，学生上课并无课本，全凭借听课时记下的笔记来求学。比较典型的是，徐造华(字兆华，浙江平湖人)任徐承恩的物理及化学两科教师。由于当时的条件所限，“省联高”没有统一教材可用，徐造华先生以当时美国大学化学教材 *Fundamental Chemistry*：*An Elementary Textbook for College Classes* 和萨本栋编的《大学物理》为参考教材进行教学。徐造华先生虽说话慢条斯理，但条理清晰，讲课深入浅出，做实验时技法娴熟，课堂教学内容丰富多彩，给徐承恩留下了深刻的印象，也使他对化学产生了浓厚的兴趣。还有，徐承恩的语文老师、知名学者王冥鸿(浙江绍兴人)，上课不需课本，出口成章，王冥鸿先生还自己收集书籍和报刊中的内容作为素材，用蜡纸刻成讲义，印出后发给学生，深受学生喜爱。数学老师沈儒全，讲解代数、几何等内容，讲解精辟，板书既飞快又齐整。这些老师抗战胜利后都回到省立杭州高级中学任教。在“省联高”虽生活清苦，但老师们秉性高洁，尽职尽责，每天与学生生活在一起，结下了深厚的师生情谊。

“省联高”师资雄厚，不仅名师云集，而且它的实验室和图书馆条件在抗战时期浙江的各中学中也是最优的。尽管山区条件艰苦，老师们仍想方设法让学生动手实践。化学课中的酸碱滴定、白磷自燃、金属钠与水的反应等实验都让徐承恩记忆犹新。学生们还自己

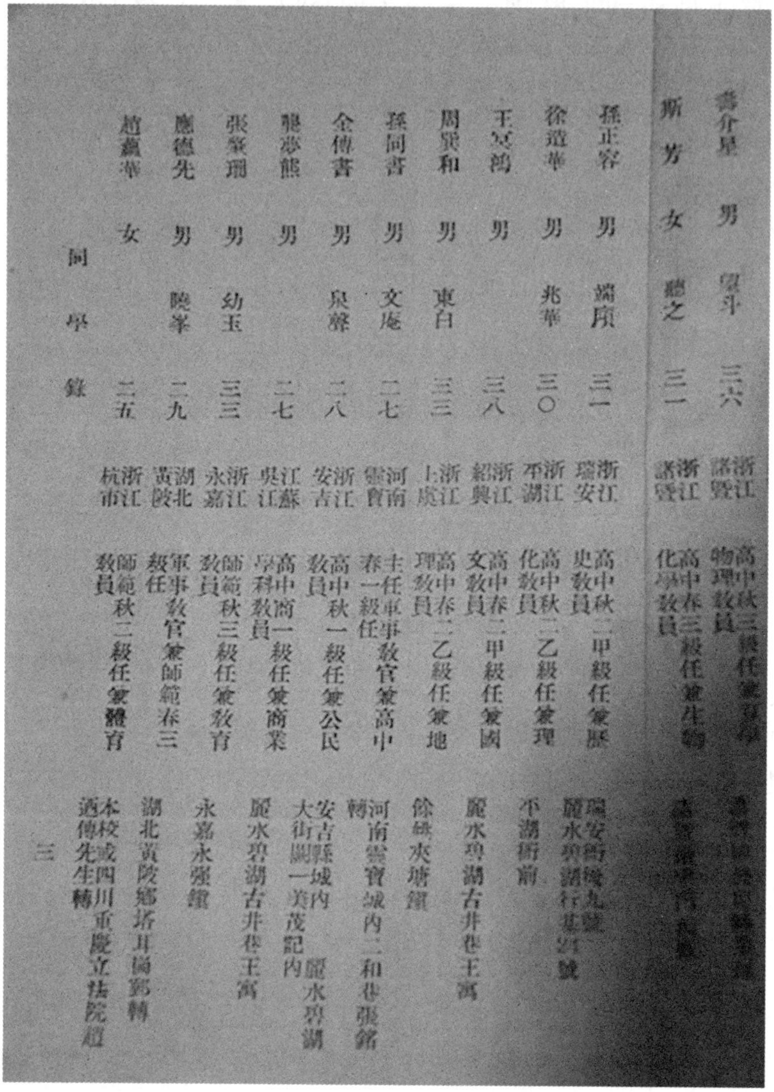

壽介星	男	宰斗	三六	浙江諸暨	高中秋三級任兼[illegible]物理教員	[illegible]
斯芳	女	聽之	三一	浙江諸暨	高中春三級任兼生物化學教員	[illegible]
孫正容	男	端頎	三一	浙江瑞安	高中秋二甲級任兼歷史教員	瑞安[illegible]九號 麗水碧湖[illegible]21號
徐造華	男	兆華	三〇	浙江平湖	高中秋二乙級任兼理化教員	平湖衙前
王冥鴻	男		三八	浙江紹興	高中春二甲級任兼國文教員	麗水碧湖古井巷王寓
周巽和	男	東白	三三	浙江上虞	高中春二乙級任兼地理教員	餘姚夾塘鎮
孫同書	男	文庵	二七	河南靈寶	主任軍事教官兼高中春一級任	河南靈寶城內二和巷張銘轉
金傳書	男	泉聲	二八	浙江安吉	高中秋一級任兼公民教員	安吉縣城內大街關一美茂記內 麗水碧湖
龔夢熊	男		二七	江蘇吳江	高中商一級任兼商業學科教員	麗水碧湖古井巷王寓
張鑒珊	男	幼玉	三三	浙江永嘉	師範秋三級任兼教育教員	永嘉永強鎮
應德先	男	陵峯	二九	湖北黃陂	軍事教官兼師範春三級任	湖北黃陂鄉塔耳崗鄒轉
趙蘊華	女		二五	浙江杭市	師範秋二級任兼體育教員	本校或四川重慶立法院趙適傳先生轉

同學錄 三

“省联高”教员名册，右四为徐造华，右五为王冥鸿

培养草履虫放在显微镜下观察，或者用显微镜研究大葱表皮细胞，时至今日这些仍是中学生物课上的必修环节。由于没有课本，在课余时间，学生们尤其重视阅读，徐承恩喜欢在图书馆阅读，大作家郑振铎编的《世界文库》和著名出版家王云五（1888—1979）编的《万有文库》是他最喜欢的两套书。高二年级时，作为学校“自然科学社”的成员，徐承恩参考图书馆查阅的资料，还曾撰写“北京人”起

源及发展史的科技壁报。

在抗日战争期间，搬迁到南田避难的只有“省联高”一家学校，所以没有社会活动。正因为如此，学校内部的社团活动倒是十分活跃，开展得有声有色。如爱好文学的同学组织了“三月社”，喜欢科学的同学组织了“自然科学社”，喜欢篆刻的同学组织了“古印社”，爱好国乐的同学组织了“正音乐社”，此外还有军乐队、话剧队和京剧队，等等。这些社团，有的定期出壁报，有的不时举办演出，例如，话剧队曾演出过曹禺的《日出》《雷雨》《北京人》等话剧，京剧队曾演出过《打渔杀家》《捉放曹》《苏三起解》、《坐宫》(京剧《四郎探母》中的一折)等剧目。这些活动极大地丰富了师生们的文化生活。

由于南田地处深山，日军未能进犯到此地，徐承恩在“省联高”的三年中，生活虽然艰苦，但环境安定，师资优良，学习的条件还算是比较好的，无论是生活还是学习都较为舒心。1943 年，高中二年级文理分科，徐承恩虽然仍然最喜欢历史，但出于谋生的考虑，选择了理科。“省联高”的学生都是经过选拔而来的，且公费生要求每门主科成绩都在 70 分以上，一旦有主科成绩低于 70 分，在下一学期则会被取消公费生资格，竞争激烈可见一斑。从成绩单来看，徐承恩的高中成绩仍处在中上等。据徐承恩回忆，高中各科目中的历史课是自己的兴趣所在，成绩最好；由于体质较弱，体育成绩最差，每次都要勉力才能达到 70 分的及格线。

徐承恩高中毕业成绩单 单位：分

第一学年成绩	91.1
第二学年成绩	87.8
最后学年第一学期成绩	88
操行成绩	80
体育成绩	80.2

在高中时，为了竞争公费生的资格，徐承恩尤为关注学习，正如他自己所回忆的那样，“由于当时思想管制的严格，简直看不到任何进步书籍，加上生来个性就不爱动，所以在初中、高中整整六年中，一直是‘死读书’，只对分数发生兴趣，别的活动绝少参加，甚至连运动场也难得主动去一回。这样的结果就养成了日后的‘纯技术’的观点，同时使自己对周围所发生的事情也缺乏观察和判断能力，譬如在我初中时发生的皖南事变，虽然惊动了中外，但近在咫尺的我却未足够注意。”可见，在少年时期，囿于社会环境、成长经历和习惯秉性，徐承恩“两耳不闻窗外事”，专心读书，研修学业。这种专注与投入，是很多科学家共同的特质。但同时，也不难看出其当时无法改变社会现状的无奈，唯有寄希望于学好本事，能有一技之长安心立命，所以“技术”也成为青少年时期徐承恩的追求。随着年纪渐长，徐承恩视野日渐开阔，加之周围老师同学的影响，社会责任感和使命感在青年徐承恩心中日益萌发壮大。

1944 年，抗日战争进入白热化阶段，政府提出“一寸山河一寸血，十万青年十万军”的口号，号召 18~25 周岁的青年参军。徐承恩满怀报国热情，报名参军，但因为体育成绩差，且未满 18 周岁未能被录取，于是决定报考大学。是年，日军发动湘桂战役，战事从江西、湖南一直打到贵州独山，切断了浙江到大后方的路，徐承恩只能放弃内地求学之路。由于连年战乱，江浙沪一带的大学全都搬至重庆、昆明等大后方城市。浙江仅有两所公立大学，一为国立英士大学，一为国立浙江大学（今称浙江大学）龙泉分校。除此之外便是远在福建的暨南大学、厦门大学。考虑到家境，徐承恩放弃福建两所大学，决定报考国立英士大学和国立浙江大学龙泉分校。

国立英士大学创设于 1928 年，旨在顾及战地青年求学，培养专门人才，初名为省立浙江战时大学，1939 年 5 月为纪念陈英士，改称浙江省立英士大学，10 月 26 日开学，有工学院、农学院和医学院等 3 个学院。1943 年 4 月，改称国立英士大学，1949 年 8 月 25

日，国立英士大学被金华军管会解散，各院系并入浙江大学。浙江大学前身为1897年杭州知府林启利用普慈寺创办的新式学校——求是书院，是中国近代史上效法西方学制最早创办的几所高等学校之一；1901年11月改名为浙江求是大学堂；1902年、1903年、1912年相继改名为浙江大学堂、浙江高等学堂、浙江高等学校；1914年停办，1927年恢复办学，更名为国立第三中山大学，下设文理学院、工学院和农学院等3个学院；1928年4月1日更名为浙江大学，7月1日起称国立浙江大学，下设文理学院、工学院和农学院等3个学院；1937年8月13日，淞沪会战打响，战火波及浙江，国立浙江大学遵从国民政府的指示，从杭州向内地西迁，经过浙赣湘粤桂黔，于1940年到达贵州的遵义和湄潭，设总校在此，坚持办学达七年之久，直至1946年秋，学校完全迁返杭州。国立浙江大学西迁期间，于1939年6月在龙泉开办分校，郑晓沧受竺可桢之聘，任龙泉分校主任和“特约教授”。

1945年8月初，徐承恩先坐船到温州报考国立浙江大学龙泉分校，8月中旬由南田步行到浙江泰顺报考国立英士大学，8月15日考试当晚收到抗日战争胜利的消息。8月中旬回到南田后，先跟同学何兆仁到何的老家淳安，后于8月底回到老家诸暨紫阆。9月，徐父在紫阆乡里订阅的《东南日报》上得知徐承恩被两所大学同时录取。国立浙江大学是中国近代史上最早创办的几所高等学校之一，在国内享有盛誉，虽然徐承恩投考的成绩未达到全公费生的要求，只能享受半公费，但考虑到国立浙江大学名师云集，校友杰出，自己一直向往的化工系又是全国大学中历史最久、最负盛名的，于是决定选择国立浙江大学学习。根据录取通知书的要求，徐承恩直接去杭州报到，不必再去龙泉分校。1945年10月，徐承恩进入国立浙江大学化工系就读。1945年下半年，国民政府因抗战胜利，国家建设急需人才，对1945年入学的理工科学生，一律给予公费待遇，徐承恩再次幸运地成为公费生。

虽然徐承恩从小就喜爱文史，但无论是高中文理分科还是大学选择就读专业，他都因生计考虑，选择了理工科。徐承恩回忆道："……主要考虑毕业后怎么谋生，什么样的大学文凭才能找到好的工作，像我这种乡下出来的孩子，没有后台，没背景。学文，你肯定是做文的工作，没有熟人在外做官，最好也就是在学校里当老师。学工，你就可以去工厂里，门路也比较广。"徐承恩认为，学工科的门路更宽。由于大化工系涵盖造纸、冶金、制革、酸碱盐业等多个方面，而化工又是当时国民最需要、门类最多、范围最广的一个学科，徐承恩决定选择化工系，"毕业后实在没有出路，我可以去小工厂，做胶水，很简单嘛，还可以做松花蛋……"

当时的中国还没有石油工业，所用的汽油、柴油和煤油全都依赖进口，中国人还把这些油品都叫作"洋油"。徐承恩没有想到，当时仅仅为了谋生选择化工行业，进入浙江大学化工系，后来竟从江南水乡远赴东北，投身祖国的炼油事业，转眼就是六十多年。

第三节　化工专业天地宽

促使徐承恩去浙江大学求学的原因之一是，当时在竺可桢校长的主持下，浙江大学已发展成为国内屈指可数的名校之一。

竺可桢在浙江大学时，注重学校学风教风的培养，1938 年，以"求是"为校训，倡导"追求真理，忠于真理"的精神，要求全校师生秉承"公忠坚毅，天下己任的爱国精神；只问是非，不计利害的科学精神；大不自多，海纳江河的开放精神；自强不息、永不气馁的奋斗精神"。

浙江大学化工系成立于 1927 年 4 月，是中国第一个化工系；第一任系主任是我国化工教育先驱李寿恒。当时化学工程学理论刚在美国兴起，而我国化工基础薄弱，李寿恒提出，“以绳美国化工教育之标准，不无如临深渊、如履薄冰之感。”同时要求浙江大学化工系一开始即高起点、严要求。创系之初，李寿恒即与全体教师开出全部必修课，并亲自主讲“化工原理”课，至 1930 年，浙江大学化工系的课程设置已与美国同类高校大体相同。

对学生，李寿恒始终严格要求，学生们要打好基础，从进校到毕业，抓好“三基”(基础理论、基本知识、基本技能)教学。在李寿恒等名师的引领下，浙江大学工学院化工系在当时国内久负盛名，招生极为严格，1945 年只招收了两个班，共 60 多名学生，徐承恩即为其中一员。

徐承恩在大学一年级学习了大学英语、普通化学、微积分(教师为毛路真)、普通物理，打下了扎实的学科基础。通过画法几何(主要为立体几何，为工程画打基础)、机械画等课程打下了工程设计的基础，增强了空间想象力。大学二年级学习有机化学、分析化学(包括定量分析、定性分析)、微分方程、材料力学、应用力学(教师为来虔)、德语(有看文献的 6 个学分)等。有机化学教授为我国著名化学家王葆仁，杨士林讲师为其助理，有时替王葆仁先生代课。据徐承恩回忆，王葆仁先生讲课条理清晰、生动新颖，颇有学者风范，很受学生喜爱。他经常将国际化学最新进展引入课堂，诸如电子共振等内容，但对大多数的学生来说，理解起来还是有些困难的。徐承恩常常是“课堂上听得明白，下课又糊涂了”“唯有课下用功才能跟得上王先生的课”。其实，这才是好教师的教法，不能“掰开了、揉碎了”喂给学生，甚至一味地将就学生的“要求”，降低教学标准。

大学三年级徐承恩学习物理化学、工业化学和化工计算等课程，开始直接接触化工相关内容。当时物理化学老师为吴征铠。据徐承恩回忆，吴征铠先生人很聪明，知识面广泛、思路敏捷，讲课旁征博引，授课内容中包含一些前沿的内容，并且较为艰深，注重对学生独立学习与研究能力的培养。因此，他认为简单的内容就跳过不讲，大部分学生学起来很吃力。浙江大学化工系一直开设有“杂志报告”必修课程，因此大学三年级和大学四年级阶段，除上课外徐承恩还阅读了一些英文文献，如 *Industrial Engineering of Chemistry*（IEC）杂志的论文，以此了解化工发展的最新动向，培养了文献调研、综述与自学能力。在徐承恩日后的工作中，大量的新知识、新技术和管理方法都是通过查阅外文专著或杂志自学得到的，这与浙江大学化工系的培养密不可分。

化学工程与化学基础研究不同，不仅要在实验室中进行理论计算与尝试，更重视在实际生产中的实践与应用，因此浙江大学化工系有优秀的实习传统。抗战胜利后，学生们通过校友推荐，进入上海的天原化工厂，台湾的台糖、台碱等工厂实习。1944 年暑假，徐承恩经校友介绍到上海的天原化工厂在浦东的分厂实习，接触到电解食盐水和盐酸、漂白粉的制备。天原化工厂原名天原电化厂，为民族资本家吴蕴初创办，主要生产烧碱、盐酸与漂白粉。抗战时期工厂被日本军队没收，抗战胜利后，国民党当局收回该厂，另外将浦东的一个电解车间划归天原电化厂作为补偿。当时天原化工厂的厂长为浙江大学校友，徐承恩经一位与其熟悉的老师写信推荐，在浦东的电解车间进行了为期一个月的实习。

在电解车间，徐承恩见习了电解槽、用氢气氯气合成盐酸的具体操作技术，初次见到了课堂中学习过的管路、部件、基本流程，对化工生产有了初步的感性认识。

虽然接触到真正的化学生产线，但浦东电解车间的现状深深触动了徐承恩，他回忆道，“当时那个工厂设备非常落后，电解槽是最老式的，做漂白粉是最原始的方法。即在一间密闭房间里，把石灰铺在地上，把氯气通进去，氯气跟石灰反应变成漂白粉。氯气通进去后，石灰表面上吸收了氯气，但是下面还没有，所以一定要去把石灰翻一翻，翻的过程是人工处理，里面有氯气，工作条件十分恶劣。工人们仅戴着口罩和防风眼镜，连防毒面具也没有，很易得上职业病。实际上，美国和英国等国家的工程师已经有了先进的方法。他们已采用了旋转的塔式法。日本人搞的这种工厂，当时非常落后。”徐承恩认为，真正的化学工业一定不能以牺牲工人的身体健康为代价，必须掌握先进的技术才能实现清洁的或无害的化工生产。对此，徐承恩在主持编纂《催化重整工艺与工程》时，专门写了“安全健康和环境保护”一章，阐述了安全生产、劳动保护和环境保护的重要意义，以及应对风险的种种措施。

实习后，徐承恩升入大学四年级学习，李寿恒先生亲自为学生讲授化学工程一课。徐承恩眼中的李寿恒人很和气，是学者、长者。李寿恒先生授课的教材，主要参考美国学者 Walker、Lewis 等人编写的 *The Principles of Chemical Engineering* 以及 Badger 和 McCabe 编写的 *Elements of Chemical Engineering* 这两本英文教材，徐承恩和同学们也渐渐养成使用英文教材学习的习惯。当时上海的龙门书局专卖影印本的英文教材，价格便宜，徐承恩和同学经常从那里购买英文教材，参加工作后徐承恩还曾在此购买过炼油工艺方面的英文书籍。

徐承恩上学时的浙江大学已经采用了学分制，学生要修满 144 个学分才可毕业。平均算下来，在大学四年的 8 个学期中，每个学期至少要修满 18 个学分。如果考虑到在四年级要为自己留出找工作的时间，在一年级、二年级和三年级的每个学期中，学生一般要修习 19~20 个学分。不过，浙江大学为了保证学习质量，也不允许学生每学期修习超过 22 个学分。浙江大学治学严谨，对学生有严格的留级制度，淘汰率很高。对于化工系的同学来说，每年的主要必修学科必须及格，不及格的给予一次补考机会，补考仍不及格的则不能修习下一年的必修科目，例如，若二年级有机化学不及格，则三年级不能学物理化学，三年级物理化学不及格，四年级不能学化学工程，因此一旦有一门主课不及格就无法在四年内顺利毕业。浙江大学的教师对学生要求严格，给出的分数也非常严格，鲜有 90 分以上的高分。与徐承恩同年入学的同学中大概有三分之一未能按时毕业，其中有的是由于主课不及格延长学时的，有的是畏难而转到别的系的，有的则是因为家境贫穷需勤工俭学而有意在每学期少修一些学分并延长学时。

在上大学时，徐承恩的家境已日趋衰败，他回忆道："我家中原有六口人，父亲在六年前失踪，一直无下落，姐姐已出嫁，妹妹在上海作护士，是供给制；有一个弟弟因为怕国民党抽丁，由叔叔介绍到七十四军卫生连做事，新中国成立后毫无消息。当时在故乡住着的，只有母亲和一个弟弟，靠土改后所分得的土地和我的部分工资过活。"

课业繁重，制度严格，又有尽快毕业赚钱养家的经济压力，这些都促使徐承恩学习十分刻苦。虽然浙江大学的生活较"省联高"的日子舒适了许多，杭州的文化生活也非常丰富，但徐承恩仍不敢懈怠，自己热爱的历史书籍、小说、电影都无暇顾及，上课之余都在图书馆和实验室温习功课。从成绩单可以看出，徐承恩大学的成绩并不是出类拔萃的，与他的刻苦程度好像不太匹配。原来，徐承恩读大学时还没有计算器，大量的运算都要依靠计算尺进行。那时徐承恩家境不好，买不起计算尺，不论是做作业，还是答考试题，徐承恩只能依靠一本对数表做指数运算，颇为耗时，考试时经常答不完题就到交卷时间了。

进入炼油行业工作后，在众多炼油专家中，徐承恩的学历并不是很高，他没有攻读过硕士、博士学位，更没有出国深造或者出国做过访问学者。甚至在他读书的时候，中国还没有"炼油"这样一个行业，大学内更没有设立"炼油工艺"这样一个专业。那么大学的学习给徐承恩带来了什么呢？对他日后的炼油工艺设计起到了哪些作用呢？徐承恩讲道："浙江大学学习的基本内容都用得上，最用得上的是化学工程。其他的一些，如材料力学、化工计算、定性分析、定量分析，这些(知识)都很有用。"对于大学里应如何培养人才，徐承恩这样认为："大学主要是打好基础，专业技能可以到岗位上去学，基础好很快就能学会。比如我们当时学习的有机化学、物理化学、分析化学、化学工程，这些基础(知识)不管到哪个工厂基本都有用。专业的知识大都是我到(工作)岗位上才学到的。在一个车间操作两三年，对流程、工艺等方面肯定很熟悉了。”“现在科技日新月异，以炼油为例，工艺纷繁复杂，不可能在大学里把所有工艺都学到。在大学里学习的知识，如果针对性太强，学得很窄，将来选择对口岗位就很难。所以，现在好多学生毕业就改行了。实际上我觉得是教学思想方法不对。基础知识，在很多地方都能用上。所以我的看法是，打好基础是培养技术人才的重要一环。”“掌握学习方法也很必要，带着问题去研究学习，把课本上的知识和工作岗位中的实际需要结合起来学，这样的学习才是高效的、有针对性的。比如说催化反应，我们在学校的时候学的不多，只有几节课来讲解，但实际上催化反应在炼油中的应用远远不止这些，还需要自己补充学习很多东西。”基础科学是技术发展的摇篮，而在技术的发展中，人类对科学的理解得以深化拓展。徐承恩在其学习和工作的过程中，深切体会到了科学与技术的关系，重视技术而不唯技术；强调基础学科在技术创新中的根基作用。在今日看来，徐承恩的理念与国家当下的创新人才与重大战略需求发展等方面的政策方向不谋而合。

正是浙江大学优良的师资、先进的制度、严格的教风、求是踏实的学风为徐承恩奠定了坚实的专业基础，使他掌握了获取新知的方法、形成了开阔的视野，为日后的工作做好了准备。

徐承恩为人低调谦逊，大学期间专注于学业。在入学之初，他本打算做一个“两耳不闻窗外事，一心只读圣贤书”的学生，学好功课，谋一好生计。但在全国内战的时局下，学生运动风起云涌，学校几乎每学期都举行罢课游行，徐承恩出于正义感，每次学生运动都积极参加。经历过各种学生运动，特别是 1947 年 5 月的“反内战，反饥饿、反迫害”的活动和 1947 年 11 月发生在浙江大学的“于子三事件”后，徐承恩渐渐意识到，自己不仅要功课优秀，更要成为对社会能负责，对他人有所担当的人。

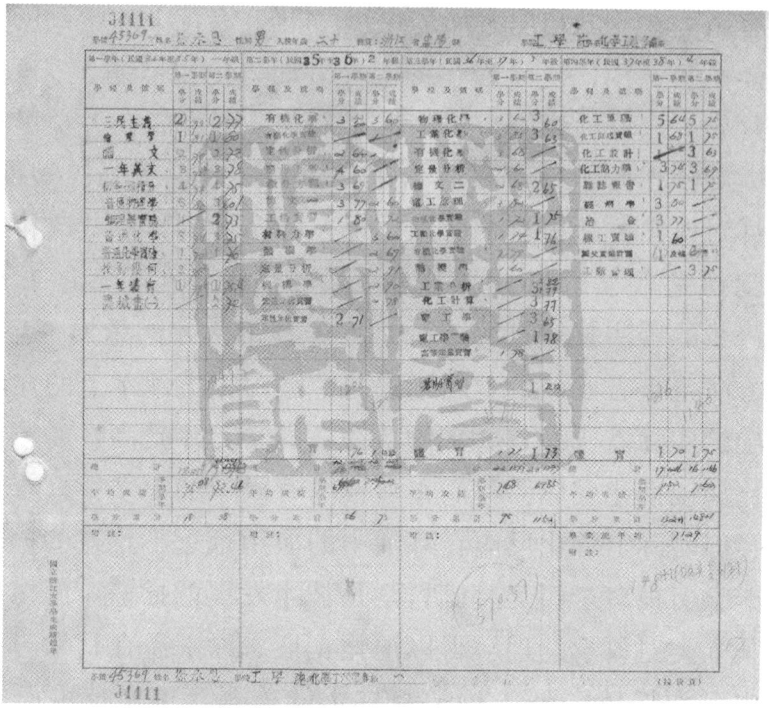

徐承恩大学成绩单(浙江大学档案馆提供)

对此，徐承恩写道：“进了大学以后，因接触面比较广了，可以看到的书籍也比较多，思想就无形中较前开明些，再加上参加过的几次学(生)运(动)对我的启发，使我对当前的政治有了进一步的认识，但这些认识还只局限于表面，没有深刻地了解到阶级斗争问题，因而不能积极参加革命行列。”

对于当时的大学生而言，要面临“毕业即失业”的境况，大家的就业压力很大。大学四年级上半年，徐承恩组织起 7 个同学，他们成立了一个社团，名叫“钱塘化学工业社”，旨在毕业后若找不到工作就组织同学一起搞小型家庭化学工业。后来因为同学们都顺利就业，也就作罢了。

1949 年，中国人民解放军势如破竹，南下速度很快。5 月初，就在徐承恩毕业前夕，杭州解放了。开始，时局的变化使即将毕业的大学生一时不知何去何从，于是同学们选出学生代表，去找中共负责接管浙江大学的林乎加同志，谈学生要求分配工作的问题。林乎加时任中共浙江省委宣传部副部长，是接管浙江大学的军代表，也是工作组的组长，副军代表是刘亦夫。徐承恩被选为浙江大学工学院毕业生代表，找到林乎加“要工作”。林乎加的回答，让徐承恩和同学们大吃一惊。林乎加用一口胶东话干脆地承诺：“分配工作是没问题的，你们全部都可以包下来，不嫌多，不管有多少大学生，我们都可以分配工作。但是，我们也有一条要求，由于你们受的都是(过去)国民党的教育，对新社会还不了解，所以，你们要加强学习。为此，我们要办一个学校，让你们参加学习。在各个地方解放后都要办这种学校，就是要让你们改造思想。”能如此容易找到(即分配)工作，这是徐承恩完全没有想到的，但让徐承恩心里踏实了不少。

杭州解放时，大部分南下的干部还没有到达。为了便于城市工作的展开，杭州市军管会决定从浙江大学抽调部分学生去帮助筹办浙江省干部学校，用以培养浙江地区及来自北方和其他地区的大学毕业生。由于浙江省干部学校(简称浙江干校)是新筹备的，没有校址，因此决定让徐承恩等学生协助军管会去接管中正中学作为校址。中正中学是浙江伪保安司令部办的，军管会认为，虽然中正中学的校方比较反动，但学生不一定反动，所以抽调徐承恩等浙江大学的学生去做两个工作：第一是做学生的思想工作，说服中正中学的中学生愉快地到另外的学校上学；第二是将中正中学的生活设施进行适当改造，以适用于浙江省干部学校的工作和学习。对此，徐承恩写道：“1949 年 5 月，我大学刚要毕业，就碰上杭州解放。解放后就离开学校参加杭州的接管工作，并同时筹备成立浙江(省)干(部学)校，等到干校成立时，就参加干校学习。”经过十多天的筹备，1949 年 5 月底，浙江干校开学，包括徐承恩在内的浙江大学学生也成为该干校的首批学生。他被分配在“第九班八组”。在浙江干校学习的两个月中，这些大学生学习了共产党党史、马克思政治经济学等理论知识，听取了浙江省领导对当时形势、政策的介绍。当时的浙江省委书记谭震林对大学生非常重视，曾亲自到浙江干校作报告。在浙江干校的学习时间虽短，但使徐承恩的政治觉悟得到提高，得益不少。他对国家发生的巨变也逐渐地理解了，为此，他还写道："在今年土改的时候，因为我家是地主成分，所有的土地全被分了，家里土地的被分，在我思想上并未引起波动，因为我早已认识到土改政策是合理而且必要的。"应该说，徐承恩的这种政治觉悟与在浙江干校的学习是分不开的。

徐承恩在干校学习期间，东北招聘团来到上海，徐承恩等浙江大学学生主动找到浙江干校校方，多次请求去东北工作，学校最终同意他们提前结业，并分配他们到东北去工作。

徐承恩对这一阶段的学习非常重视，他曾认真地总结了体会和收获，并为此写道："进浙江干校后，才开始有系统地了解到马列主义和当前的政策，所以虽然仅仅只有两个月的学习时间，但对我的影响是很大的。在干校学习完了之后，因东北需要大批技术人员，便由干校保送来东北，到东北后，就被分配至本厂(即锦州合成油厂)工作，直至现在。"

初到工厂，徐承恩对在浙江干校的学习还记得非常清楚，并且将他的体会再次写出来，即：

"杭州解放时，我在浙(江)大(学)刚要毕业，被军管会调去接管文教机关和筹办浙江干部学校，等到浙江干校成立时就参加了学习。

在浙江干校的学习时间虽然很短，但其受益却是很大的。经过这次学习，使我对政府的政策和马列主义思想，开始有了初步的认识，纠正了一些以往对共产党的错误看法。

主要的(收获)有：

（1）在以前，我总觉得中国样样不如人家，对自己的祖国有着很深的自卑感。但是，在今天，看到我们的经济建设，飞快地向前发展，几十年来一直被人民所梦想的成渝铁路和根治淮河全被实现了。我们的祖国已经成了保卫世界和平的主要力量，使我很快地从自卑转向了自尊。

（2）在刚出校门的时候，有着很深厚的纯技术观点，觉得自己懂技术非常了不起，凭着这点技术，似乎到处都可以混饭吃了，因此对工友、对领导同志就不免有点轻视。经过两年来的实际工作，使我完全意识到，光凭这点可怜的书本知识是解决不了什么问题的。一个技术人员必须用马列主义思想武装了才能更好地为人民服务。

（3）来东北时，口上讲得很漂亮，总是全心全意来参加经济建设的，实际上存在着严重的作客思想，到工厂中来，是以学习为目的的，学上二三年，就预备回南方去，这种思想经过多方面的教育，已经渐渐取消了。

（4）因为出身于小资产阶级，组织观念非常薄弱，常易表现出无组织的行动（如不爱开会、随便批评等）。这种行动，现在也尚未完全去掉，不过与以前相比，已有程度上的不同了。”

从这一段对自己思想认识的记述中可以看到，徐承恩与当时在思想上要求进步的青年人一样。他们不但从新的社会变化中看到，要为人民服务，要为国家的进步贡献自己的力量，他（们）还严格地批判自己的“小资产阶级”思想，“必须用马列主义思想武装自己”，“全心全意地参加经济建设”。徐承恩在以后的工作中也一直在秉持着这样的理念，甚至在“文化大革命”中受到一些不公正的待遇时，他也不发怨言，认真工作。

徐承恩北上的决心已定，1949 年 7 月，徐承恩等四十多位同学被东北招聘团接收，他与同学们一起欣然踏上北上东北的火车。

徐承恩在浙江大学竺可桢铜像前留影

第二章

奋斗成长在东北

徐承恩中学学习的经历是非常曲折的，生活非常艰苦，在大学时学习非常用功，而他还要在人生的征途中不断奋斗，他只能选择“艰苦奋斗”。这就是“艰难困苦，玉汝于成”。这种精神在他到东北工作时依然保持着。

第一节 复建前的锦州合成厂

东北因在山海关以东，又有“关外”或“关东”的简称。东北是我国纬度最高的地区，也是气候最为寒冷的地区。但是，在东北的境域内河流的水量丰富，山环水绕，沃野千里。东北地区也蕴藏着丰富的矿产资源，除了藏有丰富的煤炭和铁矿资源以外，还有金、银、铜、铝、镁等各种有色金属矿产。20 世纪 50 年代末，经勘探发现还藏有丰富的石油资源。

1931 年，在“九一八事变”后，日本侵略军在不到 5 个月的时间里，就占领了全东北地区。不久(1932 年)又建立所谓的“满洲国”，扶植退位皇帝溥仪称帝，以加强对东北地区的统治。从此，东北地区处于日本残酷的殖民统治下达 14 年之久，东北的各项产业都在日本侵略者的控制之下，各种矿产资源也随意被日本所攫取。为了掠夺我国东北的资源，日本一直在加强对东北的控制，使得东北的工业迅速地畸形膨胀，东北地区也由此成为日本企图侵占全中国和东南亚的战略基地。

日本军国主义者在发动侵华战争和太平洋战争之后更加缺乏石油资源，这对他们的侵略战争是极其不利的。在东北勘探石油未果后，日本人就在伪满洲国地区大力发展人造(石)油。由于日本人还没有完全掌握煤炼油技术，便转而向同为轴心国的德国购买技术。于是，在 1937 年 5 月，日本关东军司令部决定，由三菱株式会社和伪满洲国共同投资，进口德国鲁奇公司的全套设备。他们在锦州成立伪“满洲合成燃料株式会社锦州工场”(又称锦州合成燃料厂，锦州石化公司前身)，利用阜新丰富的煤炭资源，采用德国费-托法专利技术合成石油，用迪迪尔煤气发生炉制造原料煤气，再用来合成生产石油。该厂设计能力为年产合成油 3 万吨，人员最多时达 15000 人。历时 4 年之久，该厂的主要设备才安装起来，1943 年 9 月，建成南部煤气发生炉 48 台，同年点火试车，但直到 1944 年 4 月，炉温才上升到预定温度。5 月初又发现炉壁漏气，10 月即停工。不过，在试运中产轻油仍达百余吨，这是当时东方唯一的合成燃料厂。

锦州工场造气车间

在第二次世界大战接近尾声之时，日本侵略者败局已定，对于东北许多建设项目，便开始了有系统的破坏，如炸毁矿山机械，烧毁油脂厂房，将铁水凝固于高炉中，还扬言，“让中国人在这里种高粱吧”！1945 年 8 月，苏联出兵中国东北地区以后，苏联人认为，中国东北各省的、曾供给日本军用品的所有日本企业，悉为苏军之战利品。苏联人强行胁迫伪“满业”和各个株式会社的日方管理人员列出他们所需要的材料，更以此为依据，先后派出代表对东北各个工厂进行接管，并随后组织力量进行有计划、有目的的拆运机器设备的工作。这也给东北地区的工厂复建带来了更大的困难。

1945 年 11 月，国民党军队进驻锦州，经济部资源委员会派原重庆北碚合成石油实验厂厂长赵宗燠接收了该厂，将其命名为经济部锦州燃料厂(次年，该厂隶归中国石油公司，又改名为中国石油公司东北炼油厂锦州工场)。在该厂，赵宗燠收集了一些相关的图纸资料，与未被苏军带走的几个日本工程技术人员全面检查了工程建设和损坏情况。赵宗燠和技术人员都认为，该厂虽未全面建成，技术上也有过失败，但完全可以重建起来，他们还为复工进行了一些必要的技术上的基础准备工作。为此，赵宗燠拟定了先恢复部分工厂建设的意见，并亲自到南京请求政府审批，但这一意见未被采纳。没过多久，政府宣告该厂无经济价值，并封闭了各炼油车间，设备器材 4000 余吨被运往上海。于是重建锦州燃料厂的计划就此搁浅，但封存的车间及未被运走的机械设备尚得以完好保存。

1948 年 11 月，辽沈战役结束后，东北地区全境解放。鉴于东北地区丰富的资源、便利的交通和在当时有利的地理位置，特别是雄厚的工业基础，中共中央决定下大气力进行全面的经营和管理。不仅要把它建成全中国解放战争的后方基地、军事工业基地和物资供应基地，更要集中全国的人力、物力、财力来优先进行东北的建设，从而也为全国的工业和经济建设打下坚实的基础。1949 年初，成立不久的东北人民政府即着手对东北地区的石油工业(包括对煤炼油厂)进行全面的恢复和建设。中华人民共和国成立后，煤炼油工业更加得到了中国共产党和中央人民政府的重视。

1950 年 4 月，中央人民政府燃料工业部召开第一次全国石油工业会议，确定了石油工业发展原则是“在三年内恢复已有设备，发挥现有装置效能”。会议上同意锦州合成燃料厂恢复生产，从此锦州合成燃料厂由准备修复转为积极恢复生产。

第二节　从江南到东北

伪满洲国时期，东北工业企业中的管理人员、技术人员以及熟练技术工人多数是日本人，特别是重工业企业的技术人员，绝大多数是日本人，中国的技术人员和技术工人很少。在日本战败投降以后，滞留在东北的日本技术人员有将近20万人。在这些人员中，除了很少的一部分被留用下来，以及被苏联军队俘虏并带到苏联以外，大多数人都被遣返回国。这样一来，就造成东北工业发展的技术力量严重不足。同时，关于东北地区的地质资料、厂矿的设计图纸、技术档案也在日本投降前后遭到严重的破坏，甚至销毁，给后来的工业恢复、发展生产造成了极大的困难。为了尽快恢复生产，东北人民政府成立“东北招聘团”南下，来到工业发达、高校云集的江浙沪地区和平津地区，聘请相关专业专家，吸收大批大学毕业生。

一些先期到达东北工作的浙江大学学友，致信浙江大学校方，汇报了东北工业发展的困难形势和发展政策。徐承恩与化工系的同学听说后，一方面为新中国工业落后的事实感到痛心，另一方面又为这个前所未有的建设国家的机遇而感到振奋。听说东北需要大量的技术人才以及“东北招聘团”南下的事情后，他们主动向浙江干校领导请示，要求去东北工作，为国家建设贡献力量。经过同学们几次三番的请求，学校同意他们提前结业。“东北招聘团”把徐承恩和其他志愿去东北参加工业建设的同学全部接收，并派了一个领队，带领各校大学生四五十人，一起奔赴东北。

在20世纪40年代末，中国的交通很不发达，从杭州到东北需先从上海乘火车到天津，再转车到沈阳。徐承恩回忆道：“火车原本就开得很慢，沿路我们还担心国民党飞机来袭，所以碰到警报，火车就要停下来，大家就得疏散。到了南京，没有大桥，还需要依靠轮渡过长江。这样开开停停，历时三天三夜(72 个小时)才到天津。”不巧，1949 年，东北发生洪灾，把辽宁新民巨流河上的铁路大桥冲垮了，火车无法通过。组织上安排大学生临时住在天津南开大学东院。经过 20 多天等待，大桥仍未修好，东北方面采取措施，安排徐承恩等来自江浙沪的大学生与另外一批来自北京和天津的大学生一起乘坐专列火车到辽宁新民，然后下车走过巨流河上的便桥，再转乘另一列火车奔赴沈阳。从江南到东北的一路，几经辗转，其旅途的艰辛并未使徐承恩这些青年学生有丝毫埋怨，特别是在看到来自全国各地与自己一同奔赴祖国工业建设前线的学生们时，他们更加兴奋，热情高涨，期待着自己在未来大展拳脚，为国家的工业化尽一份力量。

先期来到东北工作的浙江大学校友告诉徐承恩，锦州合成油厂(即锦州合成燃料厂)是东北最先进的化工厂，有国内最先进的合成油设备，但亟待复建。当时东北到处都急需技术人才，工作单位的选择余地很大，徐承恩和一些同学都将锦州合成油厂作为首选工作单位。后来如愿被东北工业部化学工业管理局分配至锦州合成油厂工作。对此，正如徐承恩回忆道：“当(在干校的)学习快结束时，刚好化工局到华东去要人。由于急于想做‘本行’工作，就积极地报名参加，结果被批准了，到东北后，即被分发来本厂(即锦州合成油厂)工作。这二年来，看到了许多新兴的气象，再经过了如抗美援朝等大运动的启发，使我在思想上、认识上都提高了一步。”到东北，能如愿干化工专业，自然是非常令人高兴的，徐承恩也准备大干一场。

1949 年 9 月，徐承恩与浙江大学同学许连德(后进入煤气车间)、王昌尧(后进入精油车间)、林敏仙(后进入煤气车间)、黄汉彩(后进入新钴剂车间)、徐晓和黄克权(后进入研究室)等一起赴辽宁锦州石油六厂(锦州合成油厂)开始工作。

初到东北工作时，徐承恩十分不适应当地的气候、饮食和生活习惯。尤其是饮食，习惯吃大米的徐承恩在东北吃高粱米总是不消化。工厂领导对这些技术人员非常尊重，非常爱护，十分关心和照顾他们的起居，特别为他们中午提供了一餐大米饭。刚从杭州北上到东北时，徐承恩和同学们都没有带棉衣，锦州合成油厂便允许他们预支工资买一套棉衣，发工资时，这些费用再从工资里扣。徐承恩刚到东北时，职称是技术员，工资只有 180 分(1 分折合 2 毛多钱，180 分可折合三十七八元钱)，一套棉衣的花费，扣了半年才扣完。1950 年 4 月，徐承恩作为技术员，工资涨为 231 分。开始，生活上的困难并没有使徐承恩沮丧，他认识到："待遇和生活条件，我们都没考虑。同学们那时一心想要找到最需要我们的工作，给国家作贡献。当时全国各地都需要建设，我们留在南方也可以。但当时我们不计较这些东西，就想做点儿事情，能够学以致用，都希望为国家做事，希望国家赶紧富强起来。因为我们这些人是经历过抗战的，爱国主义不用给我们讲，我们自己都深有体会。个人命运和国家是紧密联系的，国家不富强，个人生活不会幸福。"

锦州合成油厂的领导也很重视和信任这些初出校门的大学生，徐承恩和同事们虽然生活条件艰苦，但工作起来心情舒畅，热情高涨，干劲十足，加班加点也毫无怨言。第一次见到这些炼油的设备，徐承恩感觉很兴奋。他抓住一切学习的机会，慢慢摸索，虚心求教，使自己能够不断地获得进步，并且从未感觉到辛苦劳累。

到了东北，中国"贫油"的事实也让学习化工专业的徐承恩第一次产生了一种使命感，对化工的认识也从"谋生手段"渐渐转变为"国家需要"，对工作单位的考虑也从"为生计"转变为"最能作出贡献的"地方。从锦州合成油厂开始，徐承恩从初出学校的化工系大学生渐渐成长为熟悉炼油技术、在工艺设计方面能独当一面的技术专家。

第三节　参加复建锦州合成油厂

锦州合成油厂煤制合成石油的主要工艺，是用阜新煤矿生产的水洗中块煤为原料，在外热式的原料煤气炉(迪迪尔炉)中进行气化，生成 H_2：CO 的配比为 2：1 的原料煤气。原料煤气经过脱硫，进入合成炉，借助钴催化剂的作用生产出合成石油。合成石油工程包括原料气制备、原料气深度净化、恒温合成、催化剂制备、催化剂再生、产品吸附分离、产品精制等工艺过程。锦州合成油厂也分为煤气场、合成场、精油场、催化剂制备等车间。徐承恩来到锦州合成油厂后，被分配到吸着工段(后称为凝吸车间)工作。

锦州合成油厂的煤气场分为两个车间(车间最初称为工段)，一个原料车间，一个燃料车间。主要负责生产合成人造石油的原料气体(一氧化碳和氢气的比例为 1：2)。所得到的原料进入合成场，在催化剂作用下反应生成合成油。合成场分为三个车间，脱硫车间、合成车间和凝吸车间。脱硫车间负责将原料中的无机硫、有机硫脱除，以免使钴催化剂中毒。合成车间是原料气发生合成反应的场合，是费-托合成的核心环节，凝吸车间则对生产的粗产品进行回收，回收有两个方法，直接冷凝和活性炭吸附。

凝吸车间的回收系统由德国鲁奇公司设计，直接冷凝和活性炭吸附的设备都已齐全。活性炭吸附需要四个步骤，即吸附、脱附(用水蒸气)、干燥(去掉活性炭上水分)、冷却，可实行连续操作。四个活性炭塔为一组，凝吸车间共有两组、八个塔。每个塔都有反复开闭且笨重的大阀门，已经设计成自动操作，可以预先分别设定吸附、脱附、干燥和冷却的时长，由定时器自动控制。从合成炉出来的气体先经水直接冷凝，脱除其中的重质馏分，然后进入活性炭塔进行吸附操作，将合成气体中的轻质油品吸附在活性炭上，吸附完毕后，再用 2.5 个大气压的水蒸气将活性炭中的油分加热汽化、使之从活性炭中脱附；脱附后的产品进入分馏塔分馏，再到分离器脱水，根据油水的密度不同脱出水分。脱附后的活性炭都含有水分，需要用热煤气干燥。干燥后再进行冷却，冷却后的活性炭进入下一个周期循环使用。

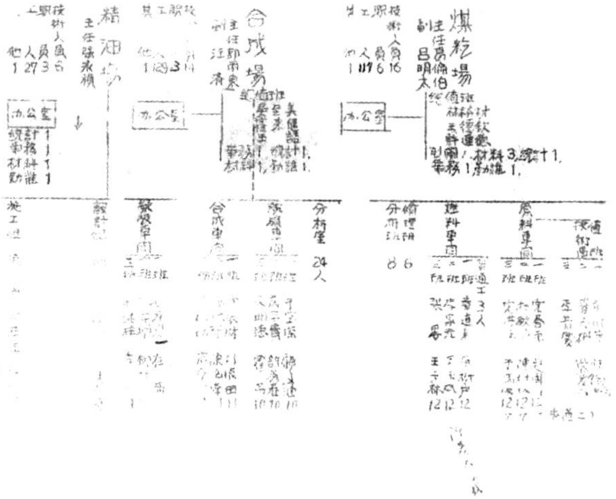

1950 年锦州合成油厂车间组成及人员名单

20 世纪 50 年代锦州合成油厂水煤气装置

20 世纪 50 年代锦州合成油厂燃料煤气装置

锦州合成油厂复建时，郭雨东任该厂合成场主任，汪济任副主任。郭雨东毕业于西北工业大学化学系，新中国成立前曾在重庆北碚合成油厂跟随赵宗燠工作，后跟随赵宗燠到天津化学工业公司任职，解放后先后在锦州合成油厂、北京石油设计院等处工作，曾任北京石油设计院副总工程师。郭雨东对合成油生产比较熟悉，在合成车间的复建及顺利投产中起到重要作用。合成场下设办公室、分析室以及脱硫、合成、凝吸三个车间。设有三人担任合成场总值班，负责保障整个合成场的连续生产。东北招聘团南下招聘来的大学生进厂后，徐承恩、王喆、路学明和杨纯柱被分配至合成场的凝吸车间(后王喆和徐承恩先后担任该合成场总值班)，作为骨干技术人员，带领工人跟随郭雨东工作。

至 1950 年 4 月，锦州合成油厂共有技术人员 14 人，职员 3 人，工人 129 人，其他人员 1 人。其中，王喆，1948 年毕业于中央大学；路学明，1949 年毕业于北洋大学；杨纯柱毕业于重庆大学。他们与徐承恩通力合作，负责凝吸车间的日常运转，遇到问题，4 人相互讨论、共同解决。由于全厂的设备在 1945 年停工后就没再用

20 世纪 50 年代锦州合成油厂吸附装置

过，全部生锈，因此刚一进车间，4 人立即组织人员，承担起设备检修的工作。日本人在战败前几乎将所有图纸带走或烧毁，徐承恩等人缺资料，也缺经验，只能自己一点点摸索着进行。他们只能先把凝吸车间所有设备打开彻底检查，之后再告知工人哪些设备、部件需要检修，检修原因是什么，工人除锈、修理后，徐承恩等人进行复查，再与工人一起将设备重新安装好。这次设备大检修对锦州合成油厂复建意义很大，“由于检修彻底，工厂开工后基本没出过大问题”。虽然“工作量很大，任务重，时间紧”，整个工作辛苦而烦琐，但徐承恩认为，这样的检修工作对大学刚刚毕业、从未接触到真正炼油装置的自己而言，是宝贵的学习机会。徐承恩认为，边实践边学习，是自己真正掌握炼油工艺设计的秘诀，“通过检修设备，把厂里的设备做了一个摸底，这些设备的构造、用途、维修，我就了然于胸了。这对后来工厂顺利开工很有好处”。

设备检修完成，修好煤气炉，做出催化剂和脱硫剂，各车间的准备工作同步完成，全厂的开工条件已经具备。初次试车基本一次成功，“一开工，就没停下来”。车间开工后，徐承恩和王喆等 4 人分别带领一个班，实行三班轮换，保证车间 24 小时不间断运行生产。大家既是班长，又是技术员，有时还要当培训班的老师给新招募的工人上课，讲化工知识，培养工人应该具备的技术素质。

在几个技术人员中，王喆给徐承恩留下的印象最为深刻，据徐承恩回忆，“他人很聪明，后曾任石油五厂和石化总公司管道局的总工”。在凝吸车间，吸附塔很多阀门的开关是用液压来操作的，液压水泵是非常关键的设备。有一次，液压水泵打不了回流，大家讨论了许久都未能找到原因，后来王喆经过仔细检查，发现是泵的一个垫片出现了问题。徐承恩讲道：“垫片是水泵里很小的一个部件，大家都没有想到会是这里出了问题。但是王喆非常细心，观察也仔细，不遗漏细节。我们化工设计就是这样，虽然是小问题，但是必须解决。细节至关重要。”

由于新中国成立前的锦州合成油厂没有培养一名中国技术人员，同时由于日本人对中国人采取奴役政策，只把中国人当粗使的劳动力，因此厂里只有一些有过短期操作经验的工人，他们并没有机器运转方面的经验。因此在复建初期，除了技术困难外，工人奇缺、劳动力不足成为生产恢复阶段的最大困难。工厂领导决定招募中学毕业生来补充技术工人力量。

1949 年冬到 1950 年上半年，锦州合成油厂从沈阳和锦州等地招聘初中或高中文化水平的学生共计 328 人。新进厂的工人从未接触过化工生产，为此需要对他们进行培训。徐承恩这些大学生除了作为技术骨干承担各车间的复建任务外，还要作为老师对招募的工人进行培训。后来成为锦州石油六厂党委书记的欧阳庆源就是这批培训班中的学员之一，他回忆道：“这些工程技术人员学历高，他们都是老师，我们跟他们学文化、打基础，（重新学习）初中课程，学习车间技术，怎么恢复生产等，当时学员共200多人，培训6个月……徐承恩当时教我们物理及凝吸车间的操作原理和工艺过程。”徐承恩谈及此事很谦逊地认为，在当时，自己算是“现学现卖”，因为在大学期间虽然就读化工系，但是真正的生产实践还是在锦州合成油厂边工作边学会的。不过，有大学文化作基础，“除了催化剂这些比较保密的技术外，其他学起来比较快”。在工人培训班里，徐承恩等技术人员就自己撰写讲义，讲解物理、化学或化工常识，帮助学员了解所从事岗位的工艺流程和操作要点。6个月后，欧阳庆源等人完成培训，顺利走上各个车间的工作岗位参与实习，成为锦州合成油厂(后改名为石油六厂)的第一批技术工人，为复建生产提供了生力军。通过6个月的授课，徐承恩等人也将自己刚刚学到的知识“温习”了一遍，“心里更有底了”。

锦州合成油厂除了招募中学生充实生产一线的工人岗位之外，由于要满足工厂扩大需要，还从农村招工，这些人大部分都没什么文化。由于有了第一期培训班的先例，石油六厂的扫盲工作做得有声有色，一直利用各种形式坚持提高职工的文化水平和业务水平。这与复建时形成的传统分不开。

欧阳庆源最初在工厂合成场的凝吸车间工作，徐承恩先后在这个车间担任班长、工段长，据欧阳庆源回忆，徐承恩“威信比较高，为人正直，做事实在，工作细致，不盲从，对问题有自己的判断”。在车间里除管锈、换管线，这本是检修工人和生产工人的活儿，他作为班长和工段长与工人同甘共苦，一起工作，“工人身上有多少油，他身上就有多少油”“有时甚至还会帮检修工人把活儿都完成了”“平时徐承恩无论是整理材料还是开会发言都认真细致，从没出现过问题。”

徐承恩于1949年9月正式进入锦州合成油厂工作，1953年2月调离，这几年积累的经验对他的业务成长是至关重要的，他的“工厂经验主要是在这几年中获得的，从检修设备，把所有零部件打开检查、修复再安装，然后在车间现场操作近两年。生产的基本流程和操作规程都已经掌握”。在调离前，徐承恩担任锦州合成油厂合成场的总值班，负责管理脱硫、合成、凝吸(或称回收/吸着)3 个工段(即车间)，徐承恩与其他 2 人轮班，保证整个合成场全天 24 小时的生产。后来徐承恩调至辽宁省沈阳市东北石油管理局设计处任技术员，徐承恩说，“虽然不直接在工厂工作，但工厂经验必不可少”。

第四节　见证新中国第一滴煤制油

“设备检修完了，煤气炉修好了，催化剂做出来了，脱硫剂也做好了，全厂具备了开工条件。光是一个车间做好还不行，整个厂要同步。”徐承恩说。经过全厂同事的紧张工作，1950 年 10 月，锦州合成油厂已经具备了半规模试运转的条件。1950 年 10 月 6 日，原料煤气炉北侧 24 组 48 座炉点火进入试生产阶段，厂长甄树森陪同东北化工局局长张定一和锦州市委书记林肖侠等领导来参加点火仪式。1951 年 1 月，完成关键的原料煤气炉烘炉升温工作，加煤试运行。

徐承恩所在的合成场是煤制油的最后一环。1951 年 2 月 10 日凌晨，恰好在徐承恩值班时，原料煤气炉生产的原料煤气送到合成车间，经过脱硫、合成、凝吸等工序，新中国生产的第一滴煤制油从锦州合成油厂合成场凝吸车间的分离器中流出来了。徐承恩欣喜若狂，立刻向合成场负责人郭雨东报喜。

锦州合成油厂试车成功、新中国第一滴合成油生产出来的消息迅速传遍了全厂，“全厂敲锣打鼓来庆祝，不上班的同事也来到合成场凝吸车间来看油”。谈及当时的心情，徐承恩说：“这是天大的事儿！心情很激动，为国家作贡献了，亲眼看到了自己的成果，这种心情难以言表。但是，我的感觉是，终于把油合成出来了，终于

锦州合成油厂工作时期的徐承恩

可以为国家解决一点问题了。”在中华人民共和国成立两周年时，第一批生产的煤炼合成石油作为国庆节献礼送到首都北京。包括徐承恩在内的全厂职工都非常高兴。欧阳庆源回忆道：“那时特别高兴，早盼着这一滴油，出来了就说明咱这生产流程没问题。”这个日本人试运失败、国民党官员认为“技术复杂、难度很大、不能恢复”的工厂，在中华人民共和国成立后不久即顺利投产的事实，极大地振奋了全厂员工的士气。徐承恩也从中深刻体会到，只要认真工作，刻苦学习，充分依靠群众和集中群众的智慧，就能无往而不胜。

锦州合成油厂从检修到生产出第一滴油，仅仅用时一年多一点，整个试生产历时 128 天，可见复建效率之高。1951 年 2 月 10 日，当日产油 2000 升，1951 年当年生产合成石油 3103 吨。继炼出新中国第一滴人造石油后，锦州合成油厂煤制油工业进入快速发展时期。1952 年生产合成油 8798 吨，到 1956 年，锦州合成油厂年产油 4 万吨以上，大大超过原设计能力，完全掌握了煤间接液化的技术。虽然 4 万吨年产量在今天微不足道，但它的意义非同寻常，从煤块变成合成气，在一定温度、压力和催化剂作用下，H_2 和 CO 转化为直链烃类，其原理在今天也不过时。

徐承恩当时总结道：“参加工作已快两年了，这两年来，虽然多少取得了些进步，但进步还不够大，由此，我唯一的希望就是今后各方面能帮助我进步得快些。”

由于当时国家非常缺乏各种油料，对于煤制油的生产还是非常重视的。1958 年 2 月，石油工业部部长余秋里在传达邓小平的话时讲道，当时的石油工业要天然油与人造油并举，并以天然油为主；但是在未找到大油田时，仍然要坚持这种“并举”的发展方针。石油工业部还明确，当时发展人造油生产主要是建设广东茂名页岩油公司、辽宁抚顺石油一厂和二厂。

后来由于发现了大庆油田，大庆生产的天然石油已基本满足国内需求，天然石油的生产成本也远较煤制油成本低，因此，国家批准煤制合成油装置停产，至此锦州合成油厂合成油装置完成了它的历史使命。这一煤制合成油的发展史将永远载入中国石油的光荣史册。

第三章

在实践中成长

在大学毕业之后，徐承恩与他的同学一样，在人生转折之时，他们确定了目标——去支援和参与东北的建设，为发展东北的化学工业贡献力量。正如徐承恩自己所表述的：“为了响应上级的号召，我抛弃了一切顾虑到东北来参加工作，在人民政府的领导下，我愿贡献我所有的能力，全心全意地为人民服务。”这实在算不上豪言壮语，却表现出徐承恩扎实的工作态度。

第一节　页岩油蒸馏工艺的革新

1950 年 4 月 13 日到 24 日，全国石油工业会议在北京召开，决定在燃料工业部下设全国石油工业管理总局。1951 年，我国第一家煤制油工厂锦州合成油厂顺利开工。同年，东北石油管理局根据中央燃料工业部的指示成立，张定一任局长，唐海、褚志远任副局长，全力谋求恢复与发展东北地区的石油工业，当时将东北地区伪满时期已建成和已开始建设的炼油厂组建为 10 个工厂，即抚顺的石油一厂、二厂、三厂和四厂，锦西的石油五厂，锦州的石油六厂，大连的石油七厂，四平的石油八厂，桦甸的石油九厂和吉林的石油十厂。其中石油七厂加工炼制从苏联进口的天然原油，其余都是与页岩油和煤炼油相关的人造油厂。1953 年 2 月，徐承恩从锦州合成油厂被调往东北石油管理局设计处任技术员，从事各炼油厂的设计管理工作，为期 50 多年的工程设计生涯由此拉开帷幕。

同年，国家体制改革，取消原来的大区区划，东北人民政府被撤销，东北石油管理局也随之被撤销，局里的干部大部分被调往北京。1953 年 5 月，徐承恩被调往燃料工业部石油管理总局设计局工艺室。工艺室主任为武宝琛，该室负责各炼油厂工艺和装置的设计，当时进行设计的工艺装置有常减压、焦化、热裂化和气体加工等。

石油炼制即炼油是指将原油加工成各种燃料(汽油、煤油、柴油)、润滑油、石蜡、沥青等石油产品或石油化工原料(如正构烷烃、烯烃、苯、甲苯、二甲苯等)的工艺过程。一般要先将原油分割成各种不同沸程的馏分，然后将这些馏分或者按照产品规格要求除去其中的非理想组分和有害杂质，或者经过化学转化形成所需要的组分，进而加工成不同的产品。这些工艺过程一般包括：分离过程，如电脱盐、常减压蒸馏；转化过程，如催化裂化、加氢裂化、渣油加氢处理、延迟焦化、减黏裂化等；精制和改质过程，如加氢精制、催化重整、中压加氢改质、S Zorb(汽油吸附脱硫)等；炼厂气加工过程，如烷基化、醚化、苯与乙烯烃化等；以及润滑油生产过程。对这些工艺流程本身的设计、工艺设备的设计(如设备大小、形式、基本结构等)等统称工艺设计，是整个炼油厂设计的龙头。

设计局工艺室的领导和大多数同志都是大学毕业生，有的在海外知名学府学习过或工作过，有的还在一些公司实习或工作过。工艺室的室主任武宝琛是我国著名的石油化学家。后来他还参加了上海炼油厂改建设计、抚顺页岩油大型蒸馏试验、正庚烷脱氢环化制甲苯的设计工作，并主持编制了《石油炼制工艺计算图册》，这个图册在设计和教学上得到广泛使用。20 世纪 60 年代，他组织完成延迟焦化工艺和流化催化裂化工艺的研究和设计。

初到工艺室，徐承恩并没有直接参与工艺设计工作，而是先到东北炼油厂对已有的生产装置、工艺设备、操作条件等情况进行调研，为后续有针对性的设计做准备。1953 年 11~12 月，石油管理局组成 8 个调查组赴大连和抚顺等地调查日本留下的炼油厂(石油一厂到石油十厂)，徐承恩带领的调查组赴吉林四平，到石油八厂进行调查，通过这次调查基本摸清了日本人已建成和尚未建成的炼油厂的底细。石油八厂原为日本人拟建的一个油品高压加氢工厂，刚开始建设不久，日本就投降了。厂内基本上还是一片工地景象，离建成投产还有很大距离。但高压加氢反应器和一些高压阀门、配件已经到厂，可以利用。后来石油工业部决定，对该厂不再复建，加氢设备转移至辽宁抚顺的石油三厂进行利用。

抚顺的石油二厂是伪满时期日本人为利用抚顺东露天煤矿的油母页岩而建设的一个页岩油厂。1945 年，石油二厂刚初步建成，日本便无条件投降了。投降前，日本人销毁了全部工程建设资料；在抗战胜利之后的一段时间内，大量设备、器材又被拆搬而失散，使整个厂区成为一片废墟，景象凄凉。有人认为，石油二厂已没有恢复的可能了。1949 年，在矿务局副局长刘放和矿务局工业处处长丁冬放的坚持下，他们组织力量对该厂进行了多次全面的调查分析。最后，确认石油二厂有条件恢复生产，也有恢复起来的价值，应该鼓起信心。他们还从石油一厂派人到石油二厂，把散放在厂里的一些器材和机械零件收集归拢在一起。1949 年 9 月，解放军又派出部队，协助看管所收集到的材料。

在 20 世纪 50 年代初，在国民经济恢复时期，限于财力物力，仍然无法恢复东露天煤矿的生产。而西露天煤矿由于长期剥采失调，油页岩产量不但上升很慢，也保证不了石油一厂恢复到原有的生产水平。鉴于此种情况，矿务局副局长刘放于 1950 年提出合理利用油母页岩资源的意见，要求石油一厂与抚顺研究所共同组织技术小组，研究如何提高油页岩的利用率和干馏油收率，并且作为当时恢复页岩油生产的重要工作之一。经过反复探索与研究，科技人员终于研究出利用过去舍弃的小块油页岩，并进行分段干馏，改进干馏设备等，应用于生产后取得了提高油页岩利用率和提高干馏油收率的较好效果。由于小块页岩干馏炉的开发应用成功，油页岩供应量有所保证，石油一厂恢复工作的进度得以加快，石油二厂恢复工程也有报请国家立项的可能。1950 年 2 月，石油二厂正式恢复厂制。经过抗美援朝期间的停滞之后，1952 年又重新开始全面恢复建厂的准备工作。1952 年，东北石油管理局成立后，积极争取把石油二厂恢复工程项目列入1953年的国家计划，得到批准。1953年5月，中央燃料工业部正式批准恢复石油二厂60台干馏炉和辅助设施的建设。随即页岩破碎、干馏装置、水源地、变电所、动力锅炉等工程陆续恢复建设。在石油二厂恢复工程中，除干馏主体工程外，所有厂内系统和辅助工程及厂外配套工程基本是新建。

石油管理总局设计局于1953年专门成立石油二厂设计组，工号5305，主要负责石油二厂恢复的设计工作。1954年，设计局工艺室下又分为两个组，分别负责天然油和页岩油的炼制设计，4月，徐承恩任页岩油炼制组组长，组内成员有十几个人，负责页岩油炼制装置的设计。当时设计局派页岩油炼制组的张彬文和徐顺福去抚顺石油一厂学习，并收集人造石油的设计资料，参加粉末油母页岩干馏试验工作。

作为页岩油炼制组组长的徐承恩于1954年3月27日写信给张彬文和徐顺福，对他们出差期间的工作提出要求和安排。徐承恩在信中写道："局里还没有一位同志，真正搞过干馏炉的工作，因此对你们两位小专家的希望很大，希望你们抓住机会，好好向一厂的技术人员、老工友学习，打下以后工作的基础。为设计八部炉而收集的资料，以及粉末页岩干馏试验经过的详细情形等，希望你们能加以整理，将来带回局内，因为局内很缺乏这样的资料。"

石油二厂的改建工程包括蒸馏、脱蜡、洗涤等车间的改建和热裂化、硫酸铵等车间的新建，主要用来加工石油二厂生产的页岩油和桦甸页岩油。页岩油炼制组接到的第一个设计任务就是石油二厂蒸馏装置的设计。众所周知，原油是多种烃的混合物，是黏稠的、深褐色的液体，除可作燃料外，一般不能直接使用。所以就需要把原油根据产品要求按沸点范围分割成各种不同的馏分。在19世纪20年代，主要的石油产品为灯用煤油，原油加工量少，

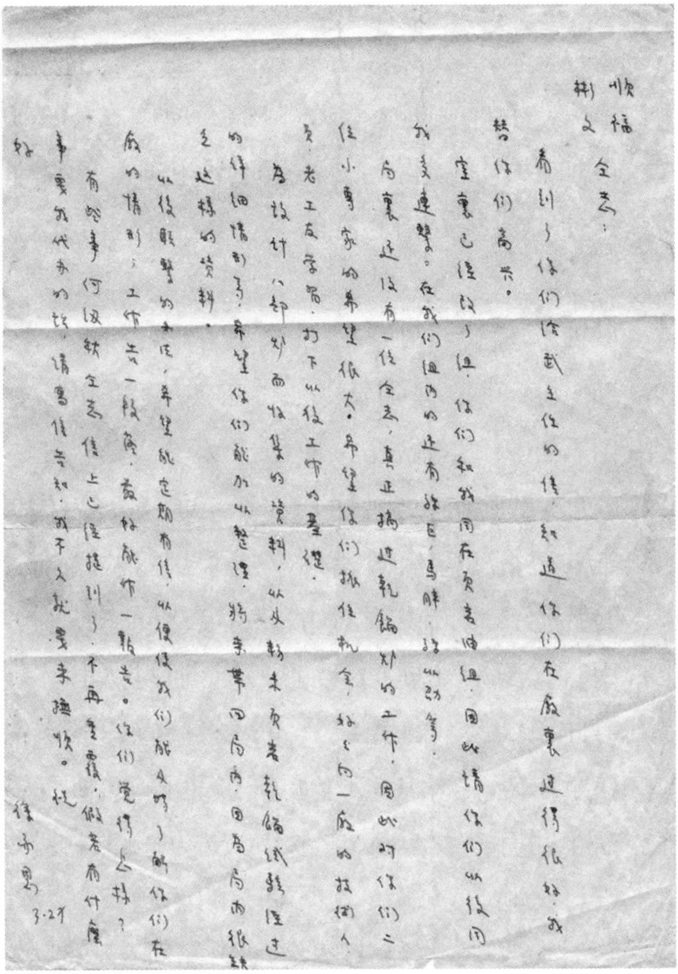

顺福
彬文 同志：
看到了你们给武主任的信，知道你们在厂里进行很好。我
替你们高兴。
室里已经成了组，你们和我同在负责油组。因此请你们以后同
我多连系。在我们组内的还有林巨、马骅、孙以勋等。
厂里还没有一位同志，真正搞过乾馏炉的工作。因此对你们二
位小专家的希望很大。希望你们抓住机会，好好向一厂的技术人
员、老工友学习，打下以后工作的基础。
为设计八部炉而收集的资料，以及将来负责乾馏线转经过
的详细情形了。希望你们能加以整理，将来带回局内。因为局内很缺
乏这样的资料。
以后联系的办法，希望能定期有信，以便使我们能了解你们在
厂的情形；工作告一段落，最好能作一报告。你们觉得怎样？
有些事何汉钦同志信上已经提到了，不再重覆，假若有什么
事要我代办的话，请写信告知。我不久就要来抚顺。祝
好
徐承恩
3.27

徐承恩 1954 年 3 月 27 日写给张彬文、徐顺福的信

原油蒸馏采用釜式蒸馏法(即将原油间歇地送入蒸馏釜，在釜中加热)进行加工。19 世纪 80 年代，随着原油加工量逐渐增加，设计人员将 4~10 个蒸馏釜串联起来，原油连续送入，每个釜就流出沸点不同的馏分，称为连续釜式蒸馏。1912 年，美国 M. T・特朗布尔应用管式加热炉与蒸馏塔等加工原油，形成了现代化原油连续蒸馏装置的雏形。

在石油二厂的改建工程设计中，一般参考石油一厂的模式加以改进。但日本人建造的石油一厂，采用的蒸馏装置为连续釜式蒸

馏，蒸馏效率很低。与管式蒸馏相比，连续釜式蒸馏是一种很落后的工艺，在欧美已经被管式蒸馏所取代。然而，石油一厂自建成开工之日起，日本人一直采用连续釜式蒸馏。原因在于，页岩油是通过油母页岩经过加热干馏制得的，与天然油相比，页岩油中不饱和烃的含量高，这使得一些人担心在管式炉中加热容易结焦，以致不能长周期生产。

在石油二厂改扩建设计中，蒸馏装置的建设存在着较大争论，石油一厂和石油二厂的工程师认为，工厂里要讲实际，为避免结焦，应继续沿用石油一厂的做法，使用连续釜式蒸馏工艺；而设计局中以武宝琛(任该试验研究项目的“委托负责人”)为代表的另一方则认为，连续釜式蒸馏工艺太过落后，应采用管式蒸馏，只是由于缺乏实际操作的数据，难以说服对方。武宝琛同志认为，实践出真知，到底能否用管式蒸馏处理页岩油，只有通过试验才能得出确定结论。如果进行此项试验，首先应具备试验装置，其次需要有页岩油评价数据。徐承恩等人从 1953 年调研东北石油各厂的资料获悉，石油一厂东蒸馏车间有一套日处理量 150 立方米的中型装置一直闲置，可以用来进行试验，以解决数据缺乏的问题。页岩油评价则由石油管理总局设计局委托大连化学物理研究所(简称大连化物所，20 世纪 50 年代称石油研究所)进行，并持续了两年多(1953. 10—1955. 12)。

1954 年 4 月，设计局工艺室派徐承恩和马夑琦前往大连化物所配合页岩油评价试验，试验目的为：一、得到页岩油评价数据；二、判断能否从页岩油中提炼沥青。在设计局委托大连化物所的《进行东北石油二厂改建工程方法设计工作所需的试验研究项目研究说明》中写道：

“在进行二厂改建工程设计中，设计的数据不可能全从石油一厂的操作中取得，还需要委托研究机构进行一系列的分析研究工作，包括对抚顺和桦甸页岩原油性质的评定。下面是我们提出的试验研究项目：

1. 关于页岩原油性质的研究；

2. 关于最惠分割条件的测定；

3. 测定各馏分的性质；

4. 关于裂化气体的分析。”

在这个说明中还专门指出，“研究原油平衡蒸发残余部分是否可作为燃料油或加工制成沥青，如可加工制成沥青，请说明制造方法并测定成品之性质”。

如此重视沥青的生产，原因在于，当时国内天然油沥青产量很低，大都是煤焦油沥青，量也不多，并且煤焦油沥青中有多环芳烃，有毒且对皮肤有刺激性，易损害筑路工人的健康，而国内建设迫切需要大量合格的且质量更好的沥青。

经过两个月的实验，徐承恩和马夔琦配合大连化物所杨廉平、傅道韫、惠晓霞和张寿增等研究人员完成了页岩原油的恩氏蒸馏曲线、平衡蒸发曲线、实沸点蒸馏曲线等的测定，以及各馏分的密度和相对分子质量、闪点、凝点等数据的测量。对页岩原油的最惠分割点进行了测定，并对各馏分的蒸馏曲线、平衡蒸发曲线、实沸点蒸馏曲线、相对密度、水分、黏度、含硫量、焦油沥青含量等也进行了测量。同时论证，天然石油的通用评价方法是否也适用于页岩原油评价。“抚顺页岩油评价鉴定”项目完成后，为今后的设计奠定了基础。此外，还配合大连化物所的邹康实同志进行了用页岩油渣油试制沥青的试验。在试验中发现，通过改变氧化条件，可以提高页岩油渣油的软化点，但与此同时，沥青另外两大指标——针入度和延度变差。通过对页岩油渣油的组成进行分析，发现渣油中的沥青质含量很少。这些试验表明，从页岩油中不可能生产出合格的道路沥青。

徐承恩带着试验成果回到设计局。1954 年 8 月，他带领马夔琦

（负责工艺方面）和冷远图（负责配管安装）又去抚顺石油一厂，对该厂东蒸馏车间长期闲置的一套日处理量为150立方米的常压蒸馏设备进行修复性设计。这套设备自日本人建成后就长期搁置，没有开工，各种零配件已经老化或丢失。徐承恩他们一边进行设计，一边对设备进行了彻底的检修，配齐管线。在开始试验时，设计局请大连化物所的分析人员到石油一厂实时配合分析各种油品的性质。试验结果表明，页岩油管式蒸馏的实际操作条件和产品质量与用大连化物所实验室页岩油评价数据计算得到的结果一致。开工一个多月后，他们打开设备检查发现，经过这一个多月的运转，加热炉管和蒸馏塔内没有丝毫结焦，证明用管式蒸馏工艺炼制页岩油是完全可行的。

同年9月底，徐承恩回局汇报试验结果，设计局确定石油二厂的蒸馏车间采用管式蒸馏方式。从此以后，新设计的页岩油炼油厂都不再采用连续釜蒸馏工艺了。

根据此次蒸馏试验得到的经验，设计局对于原来向大连化物所提出的“桦甸页岩油试验研究项目”进行了补充修正，由徐承恩负责撰写修正说明书。

徐承恩回忆起这段管式蒸馏试验的经历颇有感触，他说：“解放前，我国从未有自己设计的炼油厂，更谈不上炼油工业。解放后，一切都要从头开始，有些问题在发达国家早已解决，但在当时的中国还是问题，还颇有争议，只能一步步解决。”中国炼油工业的发展真是十分不易，像武宝琛和徐承恩的研究工作真可谓筚路蓝缕，以启山林。

通过这次页岩油管式蒸馏试验，徐承恩深受武宝琛这种实事求是的科学作风感染，对其敢于创新的勇气非常敬佩。徐承恩切实感受到，设计中也必须有“求是”的科学精神，这种“事实胜于雄辩，一切用数据说话”的思想，此后一直贯穿于徐承恩设计工作和审核工作的始终。同时，徐承恩认为，人们的习惯性思维很难改变，无论是工厂工程师还是工人，对接受新事物都有思想上的障碍。如果在设计上要想有所突破创新，就必须“冒点风险”，但只要有科学的精神、正确的方法，一切问题往往都会迎刃而解。

如果说锦州合成油厂的复建工作，让刚刚毕业于化工系的徐承恩第一次接触到真正的工业生产流程，摸索并熟悉了一些基础的化工流程与设备，那么石油二厂的试验工作与设计任务，则是徐承恩迈进炼油工艺设计领域的第一步。在此之前，虽然徐承恩也零星地做过一些设计工作，但并没有按照正常的设计工作程序进行，因此对设计工作的内容和复杂性认识是不足的。石油二厂的设计，首先是从研究工作开始，其次是进行了工厂试验，最后再动手设计。同时因为担任了车间设计师的任务，徐承恩加强了与设计局其他各个设计室的联系，对于应该怎样进行设计工作有了初步的认识。他还培养出了全局意识，在与厂方、研究所配合与协作方面也大有长进，使在石油一厂做蒸馏试验设备的设计工作完成得比较顺利。徐承恩在设计工作中也开始树立经济核算的观念，如在石油二厂设计中对采用常压或减压蒸馏是经过核算后做出的决定。1955 年，徐承恩被评为先进工作者，他被评为先进的第二条理由(共 6 条)是“在工作中经济核算观点较强，诸如在二厂设计中对采用常压或减压蒸馏即经核算后才作出决定”。

徐承恩工作积极肯干、认真负责，且很有条理，也很有责任心。在石油一厂调研期间，与厂方协作了半年多的时间。在进行蒸馏试验时，他任劳任怨，对完成蒸馏试验发挥了很大的作用。在试验开始时，由于操作情况不稳定，徐承恩坚守在现场发现和解决问题，曾连续值班达 20 小时之久——直到系统完全正常稳定。徐承恩被调到北京的设计局之后，从 1953 年 7 月到 1956 年 6 月的 3 年中，在工艺室任技术员，后来又被提拔为工程师和副室主任等。据与之共事的罗家弼副总工程师回忆，在 20 世纪 50 年代，徐承恩与老一辈石油专家，如沙展世、江士昂、武宝琛、朱康福等人相比，是比较年轻的室主任。由于徐承恩在工作上的优异表现，他也获得了奖励，单位列出他获奖的理由时特别指出，他“工作积极肯干，有条理，在一厂工作期间，半年来与厂方交涉蒸馏试验，任劳任怨，对完成蒸馏试验起了很大的作用。在试验开始时，由于操作情况未稳，值班曾连达二十小时，在第三季度局的总结中得到领导的表扬”。并且还指出，他“担任第二部门的生产委员，在劳动竞赛运动中，推动我室各组积极参加竞赛，并经常在运动发展期间发现问题。在第四季度我室完成任务中起一定作用，并经常利用黑板报宣传鼓动群众”。在此，读者看到的是一个积极向上的、有所作为的优秀青年，并且反映出当时的时代风尚。

第二节　向苏联专家学习

中华人民共和国走的是社会主义道路，在刚成立时，所能借鉴的社会主义国家模式，只有苏联。因此，从 1952 年开始制定第一个国民经济发展的五年计划之时，基本上是效仿苏联的工业发展道路，即优先发展重工业。尽管借鉴苏联工业发展的经验，中国的领导人仍注意到，要保持合适的比例，即发展重工业、轻工业和农业要不断调整三者之间的比例。

在编制第一个五年计划时，中国领导人十分重视苏联提供的援助，苏联的援助曾在抗美援朝中发挥了重要作用。为此，在 1952 年 8 月，中国领导人曾访问苏联，以征求苏联领导人和专家的意见。访问苏联代表团的成员中有周恩来、陈云和李富春等人。经过协商，对于中国提出的 141 个建设项目，苏联不但要为之设计，要提供各种设备，提供贷款，而且还要派出大批专家来华进行具体的指导。经过反复协商，在 1953—1954 年间相继签订协议，此外又加上了补充的 15 个新项目，共计得到苏联援华项目 156 个。这 156 个项目成为中国第一个五年计划中的骨干项目。在建好这 156 项重点工程之后，中国有了一个较为完整的工业体系的基础，进而大大促进了国民经济的发展。

到1954年底，在中国各厂矿企业的苏联和东欧各国专家，82.4%集中在重工业部、一机部、二机部和燃料工业部系统。

中华人民共和国成立时，中国的炼油厂能自主运营的只有抚顺的石油一厂和玉门炼油厂。石油一厂为日军侵华时期所建，技术比较落后，玉门炼油厂的装置由国民政府从美国购买，是个小型工厂，可以说当时我国并没有大型炼油工厂，正如徐承恩说的“国内基本没有人做过真正的炼油设计”，炼油工业的基础极为薄弱。苏联援助中国这156项大的项目中，有两项涉及炼油工业，一项是帮助我国建设一个规模为每年加工100万吨原油的兰州炼油厂，另一项是要在广东的茂名建一个页岩油基地，包括页岩开采，以及建设干馏和炼油装置。这两个项目在20世纪50年代启动，由苏联专家主持或指导设计。

中国的第一个大型炼油厂是兰州炼油厂。这个炼油厂的设计能力是100万吨/年，主要炼制产于新疆克拉玛依的原油和甘肃玉门的原油。兰州炼油厂作为苏联援建的156项重点工程之一，全部生产装置和主要辅助设施都由苏联设计和提供。一期工程设计包括常减压蒸馏、热裂化、移动床催化裂化、气体分馏、苯烃化、丙烷脱沥青、氧化沥青、酚精炼、酮苯脱蜡、酸碱精制、白土接触精制等16套炼油生产装置，以及相应的储运和辅助系统。设计的代表产品有16种，如航空汽油、车用汽油、灯用煤油、柴油、各种润滑油、石油沥青等。它基本上代表了当时苏联炼油工业的技术水平，也是中国首次兴建的生产规模较大、技术水平和自动化程度较高的燃料-润滑油型炼油厂。

1953年设计局成立不久，苏联就派来一个工作组指导兰州炼油厂的厂址选择工作。设计局专门集中了一批骨干力量，成立了“国外设计室”，和苏联专家一起勘察选厂址，并在现场研究讨论设计方案、编制设计任务书、收集初步设计资料等。1956年，苏联又派来以配合兰州炼油厂施工为重点的专家工作组。在苏联专家指导下，设计局开始了兰州炼油厂工厂系统工程和生产厂房与设备基础的设计，组织编制了施工设计、施工定额和工程预算书，还配合苏联专家在施工现场进行设计修改、材料代用和施工质量检查等工作。

在1955年3~4月间，苏方交付了兰州炼油厂的初步设计，设计文件全部用俄文撰写，因此必须将全部设计文件都翻译成中文以便于双方人员的交流。为此，设计局抽调一些懂得俄文的同志与兰州炼油厂中曾去苏联实习过的同志一起组成翻译组，进行设计文件的翻译工作。徐承恩也参加了翻译工作。设计局的不少同志以前都学的是英文，没有正式学过俄文，多数同志只参加过一个多月时间的俄文速成班，俄文水平不高。好在设计文件中的俄文只涉及石油炼制的专业用语，语法相对也比较简单，翻译还不算太难。经过大家互帮互学，用了两个多月的时间，把这一任务完成了。设计文件的翻译虽然耗时，并且烦琐，但是，对于参加翻译的人来说，在业务上却很有帮助。用徐承恩的话说，翻译图纸就“等于把苏联的设计好好学习了一遍”。虽然现在看来当时的苏联设计技术是落后的，但当时我国被西方发达国家实施技术上的封锁，学习苏联的技术提高我国的炼油技术水平是唯一的出路。苏联的设计模式有一定的缺点，但对新中国炼油设计工作的正式开展仍起到了很大的促进作用，使我国的炼油设计工作初步具备了比较完整的设计体系和管理体系。徐承恩通过参加翻译资料，对炼油工艺和设备都有了更直观的了解，有效打牢了炼油厂的设计基础。

1956年，石油工业部北京设计院(1956年6月设计局更名为此，以下简称设计院)聘请的苏联专家顾问组到院，组长是来自莫斯科国家石油设计院的潘诺夫，工艺专家是格罗兹尼设计院的苏哈诺科夫，还有来自巴库设计院的管道安装专家阿菲扬。徐承恩与这三位专家接触最多。1956 年，徐承恩负责上海炼油厂和玉门炼油厂焦化装置的设计。这两套装置设计的苏联顾问是苏哈诺科夫，徐承恩边设计边学习，虚心向苏联专家请教，跟着苏哈诺科夫学习了很多东西。据徐承恩回忆，苏哈诺科夫在第二次世界大战时曾参加苏联红军，开着坦克上前线。他为人很正直，但脾气暴躁，到中国的设计院工作后脾气也不改。即便如此，徐承恩仍然与苏哈诺科夫相处得很好。遇到不明白的问题，他就向苏哈诺科夫请教，苏哈诺科夫则非常认真地给予指导。苏哈诺科夫对徐承恩负责的两套装置的设计进行了审核，并对设计中应考虑的具体问题，如开工、停工、施工等，对事故，如火灾、停电、停水等，在设计上的处理方法都进行了具体的指导。同时，对徐承恩的设计给予了高度评价。

此外，苏联专家还对设计院以往的一些设计方案、实验数据和设计图纸等进行了审核。苏联专家潘诺夫审核了石油二厂设计后认为，除已有试验数据外，尚需添加数据。在原有工作的基础上，根据潘诺夫的建议，设计局又委托大连化物所进一步对柴油洗涤、酸渣处理、碱渣处理、蜡洗涤等内容进行了试验。

1957 年，在进行茂名炼油厂初步设计期间，徐承恩在体检时发现肺部出现问题，身体不太好，设计院领导决定适当减轻其工作强度，派徐承恩去配合苏联专家组工作。徐承恩跟随苏联专家工作组到广州进行了炼油厂设计的前期工作，具体配合苏联专家沙别里尼柯夫进行炼油厂工艺总流程的设计。这段时间虽然不长，但徐承恩在设计知识和方法上向苏联专家又学到了不少宝贵的经验，受益匪浅。

1959 年，设计院的苏联专家全部撤回国。徐承恩认为，在设计局成立之初，缺少经验，向苏联学习非常必要，对我国炼油设计走上正轨十分关键。此后，我国已经基本掌握炼油工艺设计方法，苏联专家回国，对中国的炼油设计工作影响并不大。

第三节　前车之鉴后事之师

1953—1957年，我国实施了第一个五年计划。“一五”期间，国家的经济得到了长足发展，能源工业和化学工业更是受到了重视。在能源工业中，除了煤炭增产和发展电力工业之外，石油工业建设的重点是在地质勘探上，并且着重发展辽宁和吉林的油页岩资源，为此还改建和扩建了抚顺的石油加工厂。石油年产量则从1952年的44万吨，达到了146万吨（1957年）。在化工方面，在第一个五年计划期间发展的重点之一是兰州化工基地的建设。随着国家经济的复苏，从上到下都急切希望国家发展得更快一些。于是，在这种氛围下，从1958年底开始，我国开展了“大跃进”运动。

全国的各行各业都积极参与“大跃进”运动，北京设计院也不例外。大家聚在一起开会、讨论，分析有什么工艺可以更进一步改进，或者有更大的发展。这时，设计院有个同志提出：在苏联的杂志上看到，苏联正在试验新的炼油工艺——多段逆流流化催化裂化，试验虽然是在小型试验装置中进行的，但数据很不错。他建议设计院学习苏联，对这个炼油新工艺进行实验。这个建议得到了石油工业部和设计院领导的重视。领导批准进行多段逆流流化催化裂化的工业试验，并决定这一实验在兰州炼油厂做，在那里建一套万吨级的试验装置。

1959年11月，徐承恩从煤炭干部学校学习归来，回到设计院，还没有把院里的工作接上头，就被领导派往兰州炼油厂参加建设多段逆流流化催化裂化试验装置的工作。徐承恩感觉有些突然，因为他对流化催化裂化几乎一无所知，对多段逆流流化催化裂化更是不明白。但是，领导已经交给了他任务，他也只能接受任务，边干边学了。随后，他带领一个工作组奔赴兰州炼油厂。工作组中各专业技术人员齐备，工艺、安装、土建和水电都有专家参与。他们凭着满腔热情，在现场边进行设计，边配合施工。

1960 年上半年，他们根据苏联杂志上公布的小型试验数据，结合一些专业课本上的知识完成了初步设计。但是，这个设计根本没有考虑流化催化裂化工艺中特殊的工程问题。因为这是个新工艺，属于比较先进的事物。大家热情都很高，在建设过程中经常加班加点，建设速度很快，半年后，多段逆流流化催化裂化试验装置基本建成。试验装置完成后，如何开展试验成为重心。于是，大家围绕如何试验开展讨论，越讨论越觉得问题多，心里也就越没有底。首先想到的问题是，多段逆流流化催化裂化所需的催化剂从哪里来？当时从美国进口完全不可能，而苏联和国内都不生产流化催化裂化用的微球催化剂。大家在讨论中认为，只要把催化剂做成小颗粒就可以使用。有人提出，可以把兰州炼油厂移动床催化裂化用的小球催化剂磨成细粉末来作试验用催化剂。在进行冷态流化试验时，有的人提出用焦粉作为流化介质。“大跃进”时期，举国上下大炼钢铁，兰州炼油厂也曾积极响应“大炼钢铁”的号召，在黄河边上建了一个小高炉。在大炼钢铁的热度降下来之后，小高炉已经废弃不用，但还存储着一些剩余的焦炭。于是，徐承恩等人向兰州炼油厂的领导汇报，想把炼钢铁的焦炭磨成焦粉拿来做冷态流化试验。经过同意后，他们加班加点，用球磨机把焦炭磨细，打算用于试验中。

正在此时，北京设计院另一个负责流化焦化的攻关组也在上海做试验，这个攻关小组已经先于兰州炼油厂完成装置建设。他们也是用焦粉作介质进行流化试验。他们在试验中已经发现，由于旋风分离器的效率问题，未能将焦粉回收，不到几个小时，焦粉全部被气流带走了。攻关组本没有旋风分离器的设计经验，旋风分离器只是依照一般教科书上写的内容（如原理和结构）来进行设计的，真正的旋风分离器，攻关组的人员都没有见过。上海流化焦化试验失败的消息传到了兰州，徐承恩等人讨论后认为，兰州的多段逆流流化催化裂化试验同样存在旋风分离器的问题。大家继续深入讨论，发现许多问题是无法解决的。在这种情况下，徐承恩返回北京，向石油工业部和设计院领导详细汇报了大家在讨论中提出的关于工艺、催化剂、设备等方面存在的问题。领导们听完汇报，意识到我国当时的确不具备多段逆流流化催化裂化的试验条件，之前的决定过于草率了，于是叫停兰州试验项目，撤回攻关组人员。兰州试验停止后，试验装置中的一些定型设备拆下后可在其他场合使用，但其他非标准设备及其框架和基础就只能拆除了，不能作为他用，造成了较大的浪费。

后来，徐承恩从不同渠道见到国外流化催化裂化装置的资料，深深地体会到，当时的兰州的设计工作有很多关键的工程技术问题没有考虑到，比如流化催化裂化的催化剂硬度很大，在操作中对设备和阀门、管道的磨损十分厉害，因此，对反应器、再生器等装置的耐磨耐温性能要求很高，必须使用耐热耐磨的材料作衬里，否则很快会被磨穿。而当时在设计试验装置的反应器、再生器时只考虑了温度因素，只是用一般的合金钢作衬里，这样势必会在开工后不长的时间内就被磨穿。再如国外催化裂化装置用的旋风分离器，由专门的拥有专利的公司设计，对回收效率要求非常高，各种设计参数都是保密的。而在兰州的设计则是按照教科书设计的，在实际工程中根本不适用。再如切断催化剂用的滑阀，需要耐磨耐高温而且对灵敏度和稳定性的要求很高，世界上只有少数几个国家才能生产。对流化催化裂化技术了解得越多，徐承恩越感到自己当时对流化催化裂化技术的无知，也深深感到后怕，暗自庆幸没有继续进行试验，否则真不知会出什么样的事故。

此事对徐承恩震动很大，帮助也是巨大的。他说："多段逆流流化催化裂化这种既涉及物理又涉及化学过程的设计，我作为一个技术人员，面对自己从未接触过、完全不懂的内容，在没做试验，不具备设计条件的情况下，头脑发热，不加思考就着手去做，这是很愚蠢的，是缺乏科学态度的表现……虽然兰州多段逆流流化催化裂化攻关的项目是由部里和院里领导决定的，但我作为技术人员，没有向决策者提出质疑或意见，而是人云亦云，这是我没尽到责任。在当时的环境下，也许我提议，领导未必会听，但我没有提出意见，这就是失职。”徐承恩认为，兰州多段逆流流化催化裂化攻关是他“工作生涯中最失败的一件事情”，此事之后，徐承恩以此为戒，时时提醒自己要用实事求是的态度、科学的方法去认识、解决问题，要经常反思自己是否尽到一个技术人员的责任。

第四节　成长赖有贤内助

1956 年，徐承恩经人介绍与王光林认识、结婚。王光林(1928—2006)出生在河北清苑县。她毕业于北医护校，中共党员，1949 年 2 月参加革命工作，曾在北医一院、北京肿瘤防治研究所、流行病研究所工作，任护士、医师，后任统计室负责人，2006 年去世。与徐承恩结婚后，育有一子一女，两人工作生活互相支持，感情甚笃。

1956 年徐承恩、王光林结婚照

据徐承恩女儿徐彦回忆，徐承恩工作繁忙，经常出差配合施工。建房山的东方红炼油厂时徐承恩去房山工作，只能周末回来一天，工作忙的时候甚至周末也回不来，家里日常生活基本上是母亲王光林在打理。王光林自己也对工作非常投入，上班距离又远，每天早出晚归，十分辛苦。幸好王光林母亲和徐承恩一家同住，徐彦和哥哥上学不用带钥匙，中午就在设计院吃食堂。小时候徐家的晚饭基本上是全楼最晚的，常常是邻居家的孩子都吃完出去玩了，徐家父母都还没回来，还没有开饭。在王光林的全力支持和悉心照料下，徐承恩可以全身心地投入炼油厂设计工作。

徐承恩与女儿徐彦在美国尼亚加拉大瀑布合影

王光林身体不太好，有胃病，犯胃病的时候常常会疼得直不起腰。直到 1981 年做了胃大部切除手术后才解除了病痛。徐承恩在家时尽量不让王光林干重活，把洗衣服、打扫卫生都揽了下来。徐彦和哥哥长大一些后，徐承恩也训练他们做家务，尽量减轻王光林的负担。徐彦回忆，小时候从来没有听到王光林抱怨徐承恩工作太忙顾不了家，而是全力支持徐承恩的工作，尽量不让他担心家里的事。唐山大地震时，徐承恩在房山的燕山石化总厂设计院忙着抗震，大地震后第四天，院里又指派他带领一个小组去唐山和周围震害比较严重的塘沽和汉沽地区考察化工厂因地震受到的损害情况。

这样，他很长时间都不在家。徐家住的楼因震灾成了危房不能住人，王光林让哥哥接母亲去了西安，她带徐彦去了她工作的北大医院，留儿子徐彤在六铺炕自己管自己，一家人分散在 4 个地方。徐彦回忆："可以想象母亲当时可能是很紧张的，因为还有余震，不知道还会发生什么。我们隔壁邻居家的厨房房顶就在一次余震时整个掉了下来。很多年以后和母亲闲聊时才得知，父亲不在家时，母亲的心理压力挺大的：一是觉得没有主心骨。那时家里没有电话，联系不方便，有事没人商量。二是担心父亲的安全，因为炼油厂、化工厂一旦出大事故，会有很多伤亡。记得当年向阳化工厂爆炸，除了遇难的，还有不少工人被大面积烧伤，北京多家医院都住有伤员，包括母亲工作的北大医院。"但王光林始终都没有向徐承恩抱怨过，自己默默承担了家庭所有的重担。

徐承恩与夫人王光林在山西大同云冈石窟

王光林不仅关爱家人，对邻居也尽可能帮助。徐彦回忆道："'文革'时，住在我家楼下的一位老太太据说是地主婆，她的子女下放去了外地，老太太一个人冬天没有火炉取暖，父母就把我家的炉子送给她用。那时候这事儿不敢声张，只能趁天黑时悄悄地搬下去。"王光林温和谦逊并乐于助人的性格一直受到她的同事和周围邻居的称道。徐承恩工作认真负责，工作六十多年几乎没出过什么错，没有什么特别的嗜好，不讲究吃穿，知足常乐，生活中从不计较。徐彦回忆道："父亲虽然工作认真，生活上却有马大哈的时候。有次父亲去上海出差，母亲让他买双皮鞋，仔细说好了式样、尺码。父亲把鞋子买回来，样子尺寸都对，母亲很高兴，可拿出鞋来一看，鞋跟上有个不小的洞。当时家里人都笑成了一团，笑父亲买东西不看货。父亲则是很无辜的样子，他以为商店卖的正品是不应该有问题的，拿哪个都一样，不用挑。"

1990 年徐承恩与夫人王光林拍摄于美国纽约

王光林不仅善于持家，还烧得一手好菜。有一段时间，设计院没有食堂，职工都要自己带中午饭。负责为院领导加热午饭的同志总要好奇地对各位领导所带的饭菜进行比较，并评论一番，结果总是徐承恩所带的饭菜胜出。这位同志认为，徐承恩的饭菜是"色香味最好，荤素搭配合理，并且营养丰富"。大家都羡慕徐承恩有好口福。

徐承恩与王光林之间互敬互爱，结婚近五十年，"从没红过脸"。徐承恩得益于王光林的悉心照料，王光林成了徐承恩的私人保健医生。九十岁高龄的徐承恩仍思路敏捷，精神矍铄，身体健朗。可以说，王光林给了徐承恩很大的支持，是其坚实的后盾，在生活上也堪称徐承恩的良师益友。一个成功男人的背后，总是站着一位坚强的女人，王光林就是站在徐承恩背后默默奉献一生的女人。

1995 年徐承恩与夫人王光林在新疆草原　徐承恩与夫人王光林在云南石林

徐承恩全家福

2006 年 11 月 9 日，是徐承恩今生今世永不会忘记的日子。这一天距他与王光林的“金婚”纪念日只差 51 天。而王光林就在这一天与他永别了。相濡以沫、恩爱相守近 50 年的亲人突然逝去，徐承恩的悲痛是可想而知的。

徐承恩与夫人王光林在延安合影

徐承恩与夫人王光林在延安周恩来旧居前留影

徐承恩对王光林一直心存感激。因为他深知，没有王光林对他的长期理解和支持，他不可能全身心地投入工作中去。他所得到的荣誉和奖励，都有王光林的功劳。此外，他对王光林也心存内疚。他反省自己，如果自己能多尽一份做丈夫的责任，减轻一些她生活上的压力，她也许不会这样早逝。这也造成了徐承恩的深深遗憾。

宋代大词人苏东坡曾写过一首悼念亡妻的词《江城子》，在词的开头，他写道：

十年生死两茫茫。不思量，自难忘。千里孤坟，无处话凄凉。

徐承恩说，过去读这首词，没有很深的体会，现在重读，觉得他写得情真意切，催人泪下。

第四章

参加我国炼油技术的奠基工作

徐承恩和他的同学们是新中国第一批投身石油工业的大学生。他们与石油工业的前辈们一起，经历了新中国石油工业从小到大、由弱到强的整个过程。20 世纪 60 年代初，新中国的石油工业随着大庆油田的开发进入了快速发展时期，徐承恩也随之不断成长，展现出了卓越的技术能力。

第一节　炼制大庆原油的“会战”

新中国成立时，全国处于“一穷二白”的状态。当时，全国原油产量只有 12 万吨，其中天然油的产量为 7 万吨，人造油的产量为 5 万吨。全国原油的加工能力为 17 万吨，实际加工的原油也只有 11.6 万吨，生产油品也只有区区 12 个品种，油品自给率仅为十分之一，90%以上的石油产品都要靠进口。

1949 年 12 月 25 日，陈云同志在全国铁路会议上作报告时指出，中国当时只有产业工人 330 万人，其中技术人员和管理人员 30 万人。当时，这 330 万人被陈云称为“国宝”。而这其中，石油工业的人员构成很是单薄，20 世纪 50 年代初的石油从业人员为 16000 人，油田职工也只有 6000 人，各级各类的工程技术人员只有 623 人。到 1955 年，中国只有 3 座年炼油量 10 万吨的炼油厂，而且炼油设备也非常落后，因此，在很长的时间之内，有些外国人讥笑中国的炼油工业是“小茶壶”式的炼油。到 20 世纪 60 年代初，中国还没有完全摆脱依赖“洋油”的困境。总体上说，当时中国炼油工业的水平还是很低的。

1957 年，郭沫若率领中国科学院代表团访问苏联，苏方同意向中国提供几种军用油品。访问期间，中国科学家还考察了苏联石油工业企业，为建设和管理中国的石油科研机构提供了宝贵的参考。经过几年的努力，到 1957 年底，中国原油年加工能力已提升至 245

万吨，实际加工173.6万吨，而1957年实际的石油年产量为146万吨，其中天然油86万吨，人造油60万吨，比1949年增加了11倍。生产的油品达140种，油品的自给率也达到了三分之一强。石油工业的从业人员达到14万人，已经形成了一支石油大军。但是，当时探明的石油储量只有5600万吨。1957年，国家进口油(占石油消费总量的62%)要花去1.34亿美元，占国家进口用外汇总额的62%。令人沮丧的是，在第一个五年计划中，石油工业部并未完成其计划的要求，并且是国民经济发展中唯一没有完成计划的部委。

1958年，兰州炼油厂第一期工程完工。新的工厂可生产普通车用汽油、航空汽油、煤油、柴油和润滑油，以及沥青等共74种产品，并且首次能生产95号航空汽油，结束了中国不能生产航空汽油的历史。到1959年，中国可生产的石油油品增加到309个，汽油、柴油、煤油和润滑油这四大类产品的总产量达205万吨，占当年油品销售量的四成。

对中国石油工业的发展，邓小平于1958年曾对石油工业部作出过重要的指示。邓小平肯定了同时搞人造油和天然油的发展方向，并且从石油发展战略的角度出发，同意石油工业部的主张，将石油勘探的重点放到中国的东部地区，并且在东北松辽地区和华北地区加快勘探工作。他还强调开展钻探工作与科学研究工作并举。在1958年10月，国务院批准，正式成立石油工业部石油科学研究院(后来分成石油化工科学研究院和石油勘探开发科学研究院)，负责石油炼制的研究工作。

石油工业的转机来自1959年。这一年的9月26日，在松嫩平原上一个叫大同的小镇附近，从一座名为“松基三井”的油井里喷射出黑色的工业油流，从而改写了中国石油工业的历史。地质工作者在东北平原上发现的大油田是中国第一座大油田，也是迄今为止中国最大的油田。当时正值中华人民共和国成立10周年之际，时任黑龙江省委书记的欧阳钦提议，将大同更名为“大庆”，油田也被命名为大庆油田。大庆油田是献给祖国的一个大礼。从此，大庆的名字就传扬中华，蜚声世界。

1960 年，大庆油田开始大规模的开发建设，为加快松辽地区勘探和油田开发，石油工业部集中石油系统一切可以集中的力量，在大庆油田进行了一场规模浩大的大型会战，使大庆的原油生产很快形成了规模。20 世纪 60 年代初，大庆还没有炼油厂，为此石油工业部决定加工大庆石油，首先在辽宁锦西的石油五厂试验性炼制，此后又在大连的石油七厂和上海炼油厂进行试验性炼制。

石油七厂的前身是"伪'满洲'石油株式会社"，1934 年建成时主要的生产车间只有一套蒸馏装置和一套热裂化装置，最早加工的石油是从东南亚进口的石油。1945 年，在日军败退后被苏联军队接管。1947 年 7 月 1 日，经我国与苏联协商，将该厂改为中苏共管，定名为"中苏火油股份有限公司"，并开始修复蒸馏装置。1951 年 1 月 1 日，"中苏火油股份有限公司"移交给中国，并开始修复热裂化装置，于 1952 年 8 月正式投产，其后又建成润滑油生产装置。石油七厂经过多年的发展，已有比较成熟的炼制经验。

改炼大庆原油之后，由于大庆原油为石蜡基重油，具有含蜡多且重馏分较多（20%～30%），凝点较高（25～30℃），含硫量低（在 0.1%以下）的特点，原油相对密度为 0.83～0.86，与进口原油的性质相比有很大不同。特别是由于凝点高，当时还没有专用的保温槽车，原油用火车从大庆运至大连后就已经在油罐内凝固了，很难卸车，既要花费大量时间，还浪费了大量的蒸汽。石油七厂在开始炼制来自大庆的原油时并不顺利，在炼制过程中，经常出现这样或那样的问题，生产状况一直不正常，计划也难以完成。刚开始时，原油蒸馏处理量 3 天才达到 1340 吨，热裂化处理量每天仅为 750～850 吨，沥青和油品质量也多不合格，积压重油达 3 万吨。由于没有重油储存装置，就只能在地上挖个大坑储油，不合格的润滑油积压了 3000 多吨。设备经常出现问题，生产事故频发，出现如常减压切水罐着火、塔底去热裂化重油管线凝固、焦化渣油管线凝固等诸多问题。在工厂中流传着“大庆油不好炼，不是着火就是凝管线”，诸如此类的怨言不断。

石油工业部党组对这些问题十分重视，他们决定集中部分领导和技术骨干组织一次针对大庆原油加工的会战，突破加工大庆原油的难关。石油工业部部长余秋里也亲自过问，他在回忆石油七厂的会战时写道：“对于七厂试炼进展不顺利非常重视……经过现场考察……从客观上讲，主要是初次加工大庆原油，缺乏经验，而且时间紧，要求急，准备不足。但更重要的原因是领导思想不重视，经营管理混乱。”余秋里还语重心长地说：“我们自己的原油搞出来不容易，既然能把原油采出来，就应该有能力、有信心把它炼出合格的油品来。”

1961年1月到2月期间，石油工业部组织工作组，研究炼制大庆原油的问题，决定由生产技术司司长孙晓风任组长，并从兰州炼油厂、上海炼油厂、玉门炼油厂、锦州炼油厂、石油一厂、石油六厂、石油工业部第一安装公司、北京石油学院、北京设计院等单位，抽调有经验的技术人员和生产骨干70余人组成会战组，这些人中包括兰州炼油厂的总工程师龙显烈和上海炼油厂的总工程师朱吉人等专家。他们来到石油七厂，与石油七厂的干部和工人一起开展了加工大庆原油的大会战。“会战”开始后就确定了具体目标，即总结出一套保证产品质量合格、产品收率高的针对大庆原油的加工条件，还要建立和完善一套涵盖生产管理、设备维修、安全管理等多方面的规章制度，以保证生产安全和油品质量的稳定。会战的具体任务是，要攻克重油平衡关、装卸原油关，还有润滑油的质量关；提高轻质油收率，要达到45%以上，提高润滑油产率，要达到8%以上，还要生产出航空润滑油、航空煤油和石蜡等优质产品。石油工业部领导希望，要使石油七厂过好技术关，把炼油生产搞上去。1961年3月1日，大庆原油加工会战正式开始。

1961 年 3 月，北京设计院指派徐承恩到石油七厂参加会战。由于徐承恩具有丰富的一线操作经验，他被分到西蒸馏车间，与徐承恩同在西蒸馏车间的还有石油工业部生产技术司炼油处处长张兰凯和石油一厂的工人技师张培禄。他们的主要任务是摸索常减压蒸馏的适宜操作条件，以分馏出合格产品和最大限度提高常压和减压蒸馏的拔出率以减少减压渣油量。蒸馏是原油炼制的第一关，也是关键的一关。

在“会战”的工作方案中，明确要求蒸馏车间每天加工原油要达到 1250 吨，(1961 年)3 月 15 日前改进操作条件，提高炉温，使轻质油收率达到 23%以上，重油收率降到 35%以下，争取降到 30%；同时满足零下 10 摄氏度的变压器油日生产量达到 100 吨，油品质量的黏度指标提高到 5 以上；沥青生产缩短氧化周期，日产沥青达到 100 吨。

由于时间紧、任务重，且为了尽快摸索出合适的操作条件，大家发扬艰苦奋斗的精神，徐承恩与蒸馏车间的工人一同倒班作业，严格操作管理。石油七厂的西蒸馏车间主任于瀛河回忆起当时的情景时说道，“在近 50 天里，徐承恩在车间里与工人一起，每天爬上 30 多米的塔顶，北风吹得塔身直晃，棉衣扣子都会被风扯开”。本来，只要求每小时上一次蒸馏塔，去记录数据，但为了得到更加精确的数据，大家就每半小时记录一次数据。收集好数据后，徐承恩等人把每天每小时记下的主要操作数据画成曲线图，以观察温度、回流比等参数的变化，并找出这些参数与油品质量有怎样的关系。徐承恩过去做页岩油试验时积累了一些经验，知道如何根据操作数据做计算，并进行分析，他所积累的这些经验在“会战”中对他很有帮助。

通过不断调试分馏塔侧线抽出温度、加热炉出口温度、回流比等操作条件，结合油品分析，最终总结出适宜的操作条件，稳定了操作。这使原油的日处理量一直稳定在 1250 吨以上，4 月份日处理量已能稳定在每天 1400 吨。轻质油收率超过 23%并稳定在 25.5%

左右，比1961年2月平均收率20.1%高出5.4%；减压重油收率接近35%，最低时达到34%。同时摸索出10号机油的操作条件，减压二线油从馏出口分析基本符合要求。在此期间，“会战组”还帮助石油七厂建立和完善了生产管理、油品调度、设备维修、安全管理等多方面的规章制度。他们在石油七厂建立了统一的生产系统，加强和健全了调度制度；根据大庆原油的特点组织讨论，并制定了适宜的工艺指标，用于对加工原油的技术指导；还调整了技术操作规程，进而提高了轻质油的收率，保证了油品的质量。经过50多天的“会战”，石油七厂在技术上过关了，生产水平提高了，可以产出普通的汽油、柴油和煤油，以及10号汽油机油、15号车用汽油、变压器油和锭子油，等等。从技术上说，这些措施大大改进了大庆原油炼制的工艺操作指标，提高了处理量，增加了收率，并提升了油品质量，保证了生产稳定，扭转了石油七厂原来的忙乱被动局面，生产步入正轨。1961年4月20日，“会战”胜利结束，经过这次“会战”所形成的一套大庆原油炼制的基本工艺和方法，为以后各个炼油厂的建设和生产提供了有益经验，也为整个石油工业的发展作出了重要的贡献。同年8月，石油工业部在大连召开全国炼油工作会议，系统地总结和推广了大庆原油的加工会战经验。

在石油七厂的大庆原油炼制“会战”中，徐承恩认为，自己以前所积累起的工厂生产经验和设计经验起到了重要的作用。在锦州合成油厂复建期间，徐承恩负责凝吸车间的检修和运转，摸索试验条件的方式和方法都是在那时学会并应用的。“万变不离其宗”，在石油七厂这些方法也同样适用。虽然之前徐承恩一直从事页岩油炼制工艺的设计工作，但徐承恩结合石油七厂的生产实际，将这些经验融会贯通，对他及时找出石油七厂蒸馏车间的装置问题之所在，并改进生产工艺都不无裨益。在试验过程中，各种数据的计算方法则是徐承恩到设计局后，借助专业参考书自学到的。徐承恩回忆说，在浙江大学求学时，我国还没有自己的炼油工业，化工系也没有“石油炼制”这门课，只有大学三年级时的“工业化学”课程上介绍过一点石油知识，“了解一点皮毛”而已。到设计局后，徐承恩主要学习了美国人 Bell 编写的《美国石油炼制》和 W. L. Nelson 编写的《石油炼制》(*Petroleum refinery engineering*)两本英文书，皆为上海龙门书局出版的影印本(价格很便宜)。这两本书写得很好，尤其是作者对计算方法和工艺流程讲解得很清晰透彻，很有参考价值，“几乎所有搞炼油的人都看过，后来石油大学的一位老师将其翻译成中文，作为石油大学教材。”在炼制大庆原油的会战中，在石油七厂中的工作经历使徐承恩对石油炼制有了初步的经验，并为他打开了认识天然油炼制工艺和进行设计的窗户。

第二节 “五朵金花”拉开中国炼油技术创新的序幕

20 世纪 60 年代初，国家从经济困难时期逐步进入经济调整时期。

1959 年到 1961 年，中国经历了三年困难时期，国民经济遇到了严重困难，国民经济比例关系全面失调，人民生活水平急剧下降。1960 年底和 1961 年初，在北京召开的中央工作会议和八届九中全会，决定自 1961 年起对国民经济实行“调整、巩固、充实、提高”八字方针，重点是调整农业、轻工业、重工业的比例关系，并加强农村工作。

同样在 20 世纪 60 年代，中国的石油工业迎来了大发展的时期。从 1960 年开始，我国原油产量开始大幅度增长，石油产品的需求量也随之在不断增长。石油工业部根据这一现实情况决定，一方面着手建设新炼油厂，另一方面扩建和改造老厂，双管齐下快速发展炼油工业。当时决定新建的炼油厂有大庆炼油厂和南京炼油厂，规模均为年处理量100万吨。同时，要改扩建一批老炼油厂，其中包括石油二厂、石油五厂、石油七厂和上海炼油厂。由于项目集中，设计任务十分繁重。

徐承恩在结束石油七厂的加工大庆原油的“会战”回到设计院后，院领导为加强一线设计工作的技术力量，派他到工艺室当专职的技术审核人。

由于任务极其紧迫，研究人员要夜以继日地进行研发。此时，人们的生活条件非常艰苦，很多人因营养不良得了浮肿病。尽管如此，设计院的同志们深知自己的工作对国家石油工业发展的重要性，又在大庆油田“会战”精神的鼓舞下，都干劲十足。大家经常加班加点至深夜，有时甚至要通宵达旦，以致住在设计院周边的一些居民都说：“设计院的干劲真足，办公大楼通宵灯光亮着，我们半夜去厕所都不用开灯了。”

大庆炼油厂是1962年开始建设的，一期工程建成只用了一年半，其规模与兰州炼油厂一样，年处理量也是100万吨。当时石油工业部考虑到炼油技术比较成熟的只有苏联帮助建设的兰州炼油厂，所以在设计大庆炼油厂时，全面参考和移植兰州炼油厂的技术经验。其实，当时苏联的炼油技术在世界上并不先进。例如，苏联进行重油轻质化也只有热裂化技术（产品质量差，汽油的辛烷值低），这相当于美国20世纪30年代的技术水平。20世纪50年代，西方国家早就用上了催化裂化装置。此外，当时的石油产品品种较少。尤其是涉及国防上用的各类油品大都不能生产，形势十分严峻。20世纪70年代初，我国所使用的一些油品（主要是润滑油）中，在锡罐表面打上的产地还都是CCCP（苏联）的字样。虽然兰州炼油厂在1959年投产后，在一年的时间里使中国的石油产品达到了416种，高级产品已有34种，标志着中国的炼油水平已经获得了极大的提升，但是，距离满足国家经济和军事的需要，还有很大距离。

在当时的条件下，建设新的炼油厂只有苏联模式可以参照。所以，前期设计只能按照兰州炼油厂的技术来设计。石油工业部为了从根本上扭转这种局面，在 1961 年对炼油厂提出了“深度加工，吃光榨尽，采用先进技术，使油品立足于国内”的政策。对此，石油工业部部长余秋里曾经在他的回忆录中有记载。他指出：“要充分利用有限的石油资源，搞深度加工，想办法吃光榨尽，提高处理量，提高收率，努力满足国家的需要。”

尽管当时只能参照兰州炼油厂的设计经验，但石油工业部的领导仍然希望在设计上能有所改进，并提出了一个口号，即“庆出于兰而胜于兰”。借助谐音字，其中“庆”(相当于“青”)当然是指大庆，“兰”(相当于“蓝”，也经常被简写为“兰”)是指兰州。在此，“庆出于兰”的意思是大庆的炼油技术取自兰州炼油厂的技术，而“胜于兰”是希望在兰州炼油厂(引进前苏联的)技术的基础上，根据已有的经验，找出不足，并改进其不足，让大庆炼油厂的技术比兰州炼油厂的技术更加先进，有所提高。客观地说，尽管兰州炼油厂的技术水平在当时国际上并不先进，但仍然是成熟的。在这些成熟技术的基础上，在设计上做出一些必要的优化措施还是可能的。例如，采用国产设备代替一些落后设备，优化总图布置和装置设备的平面布置，改变全厂管线的架设方式等，这样做大大减少了建厂用地。1963 年，大庆炼油厂投产。

然而，想要提高炼油技术水平，就必须学习西方国家的先进技术。但是，当时东西方阵营之间对抗激烈，西方国家的技术对于中国封锁极严。可喜的是，古巴革命的成功为中国了解西方的炼油技术提供了一个绝佳的契机。转回到 20 世纪 50 年代末。在 1959 年，古巴革命成功。1961 年，菲德尔 · 卡斯特罗宣布，古巴革命是社会主义性质的革命，古巴投入社会主义阵营之中。在中国和古巴建交之后，两国的关系较为密切。古巴的炼油厂是美国人于 20 世纪 50 年代设计的，技术水平比较高，至少比从苏联引进的(兰州炼油厂)

技术水平要高得多。为此，石油工业部派出了两个工作组去古巴考察炼油技术。考察组回国之后，中国科技人员对西方的石油炼制技术水平有了比较清晰的了解。

从1961年底到1962年初，石油工业部在北京香山召开了炼油科研工作会议(后来被称为“香山会议”)，集中有关的科技人员分析讨论了当时国内炼油技术的现状，针对大庆原油的特性、国内对石油产品的各种需求，以及世界炼油技术的发展趋势，认为若要迅速改变我国炼油技术落后的局面，应以增加二次加工深度、提高轻质油收率、提高产品质量和增加产品品种为主。会议决定依靠自己的力量，参考国外先进炼油技术，尽快开发出流化催化裂化、催化重整、延迟焦化、尿素脱蜡和新型常减压蒸馏等5种炼油技术，并加快科研和设计工作，加速建成工业生产装置。当时正好国产影片《五朵金花》在热映。于是，石油工业部副部长刘放形象地将这5项炼油新技术比作炼油工业的“五朵金花”。这“五朵金花”在20世纪60年代被列为国家级任务，并于1978年获得全国科学大会奖。

这5种新工艺——“五朵金花”的主要作用如下：

第一朵“金花”是流化催化裂化技术。流化催化裂化装置是炼油厂生产中最重要的二次加工装置，用来以重质馏分油为原料生产汽油和柴油，是当时世界上先进的石油深加工技术。在分子筛或硅酸铝催化剂的作用下，重质馏分油发生裂化反应并转化成汽油和柴油。催化裂化技术是提高炼油厂轻质油收率和汽油辛烷值的关键。

第二朵“金花”是催化重整技术。催化重整是炼油厂生产高辛烷值优质汽油和芳烃的重要工艺。“重整”是指对分子结构进行重新整理和排列。芳烃是重要的石油化工原料，芳烃里面的甲苯也是制作TNT炸药的重要原料。20世纪50年代，北京设计院利用大连化物所的技术进行设计，在石油六厂建了一套年产量2000吨的碳七环化制甲苯装置，但仍然远不能满足军工市场的需要。所谓催化重整是利用含铂催化剂(所以也被称为铂重整)，将汽油馏分中的正构烷烃和环烷烃转化为芳香烃和异构烷烃，得到高辛烷值汽油和苯、甲苯、二甲苯类产品。

第三朵“金花”是延迟焦化技术。延迟焦化是以贫氢的重质油(如减压渣油、裂化渣油等)为原料，在高温和长反应时间条件下进行深度热裂化和缩合反应，将原料转化为裂化气、汽油馏分、柴油馏分、重质蜡油及石油焦的技术，对炼油厂把原油“吃光榨尽”、提高轻质油收率起着重要的作用。所谓“延迟”，是指将原料在加热炉中快速加热到反应温度，但在加热炉中不发生或少发生反应，而将反应“延迟”到焦炭塔中进行，以有利于延长开工周期。在加工重质原油的炼油厂中，延迟焦化装置是不可或缺的重要生产装置。

第四朵“金花”是尿素脱蜡技术。尿素脱蜡是生产低凝点油品的重要工艺。尿素脱蜡实际上是利用尿素与正构烷烃形成络合物，从石油馏分中将高凝点的石蜡分离出来。这是一项具有中国特色的石油炼制工艺技术。20 世纪 50 年代末，由于中国和苏联关系开始恶化，三北(即西北、华北和东北)地区的边防形势比较紧张。三北地区都属于高寒地区，坦克和汽车需要的柴油必须是低凝点的，要求其凝点至少要低于零下 30 摄氏度，甚至要达到零下 50 摄氏度。没有尿素脱蜡的技术，利用大庆原油是很难生产出这种低凝点柴油的，所以需要用尿素脱蜡工艺把柴油里面的蜡脱掉，以满足低凝点柴油的要求。

尿素脱蜡技术具有重要性和紧迫性。1963 年，当时的国务院对外贸易部通报，本来由苏联进口的 3.9 万吨高级石油产品的合同被苏方撤销了。这充分说明，高级油品只能立足于国内的技术研发，否则会随时受制于人。

第五朵“金花”原来定的是新型常减压蒸馏技术。当时，从国外的考察得知，古巴的一套常减压装置年处理量为 180 万吨。但古巴的常压塔直径为 3 米，减压塔直径为 6 米，而苏联给中国设计的兰州炼油厂的年处理量为 100 万吨的常压塔、减压塔的直径相应为

3.8 米和 6.4 米；而且装置占地面积前者仅为后者的 50%。可见，兰州炼油厂的常减压装置设备的尺寸都比古巴的同类装置设备要大得多，所以当时决定要建一套新型的常减压装置。在香山会议上将这一套新型常减压装置列为“五朵金花”之一，后来考虑炼油催化剂和添加剂对炼油工业的影响更大，遂将这一朵“金花”改为“炼油催化剂和添加剂”。

在确定这些任务时，石油工业部又确定了一个“二高”和“三低”的具体的主攻方向。所谓“二高”是指高品质的航空汽油和高黏度的优质润滑油，“三低”就是低凝点的航空煤油、低凝点的柴油和低凝点的润滑油。炼油新技术攻关项目确定以后，石油工业部成立了以孙晓风司长为组长的核心领导小组，在核心领导小组的统一领导下，将全国各炼油科研、设计、生产、施工、机械制造、科技情报单位组织起来，实行大协作，展开了声势浩大的炼油技术攻关大“会战”，对一些重大、复杂的关键性技术问题，还组织了全国范围的大协作。例如，对流化催化裂化装置中一些技术要求很高的关键设备和仪表，就组织了全国 180 多个科研设计、制造单位的大协作。

根据石油工业部的统一安排，石油工业部所属科研设计单位、工厂，对“五朵金花”攻关的分工如下：

1. 流化催化裂化。设计由北京设计院与抚顺设计院组成联合设计组负责，科研工作由石油化工科学研究院负责，石油二厂负责建设年处理量为 60 万吨的工业装置。1965 年 5 月 5 日，石油二厂建成投产第一套Ⅳ型流化催化裂化工业装置，首次产出国产高标号汽油，标志着中国流化催化裂化工艺实现了工业化应用。这在中国炼油技术的发展史上是一个很大的飞跃。

2. 催化重整。设计由北京设计院负责，科研由石油化工科学研究院和石油三厂负责，大庆炼油厂负责建设一套规模为 10 万吨/年的半再生式铂重整工业装置。这套装置于 1965 年 12 月投产，结束了我国没有催化重整的历史。我国对于催化重整工艺和催化剂的研究始于20世纪50年代。60年代初应用石油化工科学研究院的小试结果，在石油三厂建立了一套2万吨/年的工业试验装置，在试验中克服了催化剂砷中毒、反应器结构设计复杂等难题，为设计工业化装置创造了条件。

3. 延迟焦化。设计由北京设计院与抚顺设计院组成的联合设计组负责，科研工作由石油化工科学研究院负责，石油二厂负责建设一套年处理量30万吨的工业装置。1957年，北京设计院与石油炼制研究所(石油化工科学研究院的前身)合作，在石油二厂建成了处理量为10万吨/年的延迟焦化试验装置，获得了一些设计数据，但试验装置采用的出焦方法还是落后的钢丝绳出焦法。当时国外普遍采用的是比较先进的水力出焦技术。开发和应用水力出焦技术成为延迟焦化项目的攻关重点。1964年12月，石油二厂年处理量30万吨的延迟焦化装置建成投产。这是中国第一套大型水力出焦延迟焦化装置，其工艺技术已接近当时世界先进水平，中国的延迟焦化工艺生产自此实现工业化和大型化。

4. 尿素脱蜡。设计由北京设计院负责，科研工作由抚顺石油院负责，石油五厂负责建设一套处理量为3万吨/年的工业装置。1965年，尿素脱蜡装置建成并顺利投产，对用大庆原油生产高寒地区军用燃料起到了积极的作用。这是一项具有中国特色的石油炼制工艺技术。经过处理的油品，其凝点可低至零下40摄氏度到零下60摄氏度；它的副产品正构烷烃也是重要的化工原料。

5. 新型常减压装置。设计由北京设计院负责，大庆炼油厂负责建设一套新型150万吨/年常减压装置。对新型常减压装置中要采用的舌形塔盘，在国内尚无经验，为此石油工业部安排北京设计院与独山子炼油厂合作，先在独山子炼油厂进行工业试验。1965年，新型常减压装置在大庆建成并顺利投产，完全达到了预期的效果。因为新型常减压装置对于炼油技术发展的影响比较小，所以后来这一项目就改成了炼油催化剂和添加剂，即第五朵“金花”为炼油催化剂和石油产品添加剂。催化剂和添加剂对石油生产是极其重要的，是保证生产高质量石油产品的重要条件。如果能合理地使用催化剂和添加剂，不仅可以增加石油产品的品种和改善油品的收率，还可以改善油品的性能，提高油品的质量。在20世纪50年代，当时使用的催化剂和添加剂都要进口。20世纪60年代，在石油工业大发展之时，研制催化剂和添加剂的任务是十分艰巨的，为此，在1960年，在石油炼制科研计划会议上就提出了“两剂一尖”(即催化剂、添加剂和尖端产品)的新技术、新工艺的口号。经过多年的努力，现在炼油用的催化剂和添加剂，已完全国产化，质量达到国际先进水平，部分品种已出口到国外。

在“五朵金花”的攻关“会战”中，徐承恩主要参与尿素脱蜡装置的攻关。关于尿素脱蜡，从原理上说，就是利用尿素与正构烷烃生成络合物，再将络合物与油品分离而得到低凝油品。在20世纪50年代，石油化工科学研究院和兰州炼油厂曾研究过成球法尿素脱蜡，并建有千吨级试验装置，但一直没有实现工业化的规模。在香山会议上有人提出，苏联格罗兹尼炼油厂已建成异丙醇溶剂尿素脱蜡装置，并已正式投入生产，而且比用深度冷冻脱蜡更经济合理，于是会议决定采用异丙醇溶剂尿素脱蜡工艺。

异丙醇溶剂尿素脱蜡装置，全球只有格罗兹尼炼油厂这一套装置。由于当时中苏关系已经恶化，苏联人严守这一技术的秘密，所以中国人不可能再从苏联得到任何有关的技术资料。当时了解到，吕寿斌同志在苏联留学时，曾到格罗兹尼炼油厂实习，并存有几页关于尿素脱蜡装置的实习笔记。这几页纸就是当时能见到的唯一资料。因此一切只能从实验室中的试验开始，从头做起。可是国家迫切需要低凝军用油品，要求攻关项目尽可能快地取得成果。在这种情况下，不可能等试验取到全部数据后再进行设计，只能是“边试验边设计”。事实证明，这样做虽然给科研设计工作带来一些麻烦，但极大地节省了时间。

北京设计院负责尿素脱蜡装置工艺设计的是李昌彀和段孝林，徐承恩负责审核。李昌彀和段孝林都是清华大学毕业的高才生，理论基础扎实，工作能力很强。抚顺石油研究院负责尿素脱蜡小型试验的是丁中，他工作认真负责，十分敬业。在整个攻关过程中，设计和研究人员密切配合，及时交流情况，遇到问题大家一起讨论解决，合作得十分融洽，这也为设计工作的顺利进行创造了条件。

抚顺石油研究院的小型试验，提供了工艺设计需要的各种参数，但小型试验仍然难以找出工程上的问题，工程上的问题还需由北京设计院自己解决。当时设计中遇到的最大难题就是装置中的关键设备——反应器的设计。设计的同志只知道苏联尿素脱蜡装置用的是搅拌沉降式反应器，但对其结构参数一无所知，心中没有底。尿素脱蜡的络合反应是放热反应，生成的络合物容易黏附到器壁上形成“结垢”，必须及时除去，反应器的设计必须解决这两个问题。经过讨论，大家联想到酮苯冷冻脱蜡用的套管结晶器，既能传热，又有刮刀可将蜡从器壁刮下来。这种结构似有可能用于尿素脱蜡反应器。为保险起见，最后决定，在装置中同时建设三种类型的反应器进行试验，即搅拌沉降式、单套管结晶器式和多套管结晶器式。后来的生产实践证明，在这三种反应器结构中，最适用的是搅拌沉降式反应器，套管结晶器式反应器就被淘汰了。尿素脱蜡装置的设计完成后，交到徐承恩手中，由他进行严格审核。负责审核设计的人，必须是多面手，不仅要精通工艺、设备、配管和各种参数，而且要担负重大责任。在接到设计方案后，徐承恩立即全面审核，将在审核中发现的问题一一记录下来，能够马上解决的毫不拖延。有的问题需要与设计者沟通后再加以解决，有时候要反复多次。例如，在审查尿素脱蜡装置工艺时，他首先在院内组织部、院联合讨论会，制定了只设计脱蜡不设计再蒸馏的重大原则。其次，又在院内组织中间审查及时解决了回油泵等问题。在设计过程中，他经常深入设计一线，和设计人员一起研究和讨论问题。在审核设计方案的全过程中，徐承恩的设计思路也得到发展和应用，使尿素脱蜡的工艺和生产装置更加合理。经过徐承恩审核修改的设计方案最终定稿，并依此进行实施。

1965 年 4 月，尿素脱蜡装置建成投产，并且开工顺利，很快生产出合格的寒区军用低凝点柴油，产量还超过了设计指标。这次设计是成功的，但也存在着不足，比如，当初设计时注意力集中在保证主产品军用油品的质量上，忽略了对副产品正构烷烃的质量要求。产出的正构烷烃中芳烃含量较高，不能满足作为生产洗涤剂、增塑剂原料的规格要求，为此，后来又在装置中增加了正构烷烃脱芳烃的设备。尿素脱蜡的工艺和生产装置的设计成功，徐承恩起到了关键作用。

第三节 设计工作中的先进人物

到 1965 年，“香山会议”所确定的“五朵金花”的目标均已圆满完成，使中国炼油技术实现了重大飞跃，大大缩小了与当时国外炼油技术水平的差距。这既为增加我国石油产品品种、提高石油产品质量、提高石油资源利用率作出了重要贡献，又为以后炼油技术的进一步发展积累了经验、奠定了基础。

到 1965 年底，中国新建成铂重整、流化催化裂化、延迟焦化、加氢裂化和尿素脱蜡等装置共 13 套，炼油能力也达到 1423 万吨，石油产品品种达到 494 种，汽油、煤油、柴油、润滑油等四大类产品产量达到 617 万吨，自给率达到 97.6%，从此结束了中国人使用“洋油”的历史。

由于徐承恩在大庆原油炼制“会战”和“五朵金花”攻关中的优秀表现，1965 年被石油工业部提拔为北京设计院的副总工程师，在当时他算是比较年轻的副总工程师。有人称赞徐承恩年轻有为，几十年以后，徐承恩回忆起这些往事时却自谦地说，“并非是自己多高明，有多大本领，而是自己机遇好，恰好赶上了新中国整个炼油工业的大发展。我大学一毕业，就到东北石油六厂工作，与人造油结缘。1953年调到石油(管理总局)设计局，1954年以后又跟页岩油、天然油结缘了。这一辈子就搞油了。不是我有什么本领，我就是参与了这个过程。石油工业整个发展起来了，现在我国原油加工能力已达到7亿吨/年，这整个过程，我见证了，也参加了。所以机遇比较好。”徐承恩认为，设计工作是集体的创作，成果是群策群力的结果。他谦虚地表示，在“五朵金花”的研发工作中并没有什么特殊的贡献，只不过勤恳、踏实地工作而已。1961年，徐承恩被评为石油工业部机关的先进个人，今天仍可以从“石油(工业)部机关1961年总结评功先进工作者登记表”中，看到组织上对他的“先进事迹”的记述，即：

(1) 工作认真负责，在各项工作中都能出色地完成任务。几年来先后担任室内的装置设计师及审核人等工作。在每个岗位上都做出了显著成绩，经常获得同志们的好评，如担任南京常减压装置设计师时，虽然时间非常紧迫，但能发扬先人后己的协作精神。经常为其他专业的同志着想，做到了上下左右都满意，同时设计质量也比较好，为装置设计师的工作树立了良好的榜样。

(2) 工作中密切联系群众，有问题经常找大家商量。例如，在审核人工作中积极组织大家讨论设计方案和及时统一各项技术规定，对保证工艺设计质量作出了贡献。

(3) 积极学习业务，并坚持工艺组的业务学习，注意使学习内容与专业建设和设计任务相结合，因此学习效果较好。

(4) 对自己要求严格，一贯模范遵守各项纪律，生活简朴，不畏艰苦。自己身体不好，爱人亦长期生病，但能自行设法克服生活困难。在工作中始终表现精力充沛，没有任何畏难情绪。

从这里所简要地记述的“先进事迹”中看到，徐承恩的业务素质好自不待言，他作为审核人，“积极组织大家讨论设计方案和及时统一各项技术规定”，以“保证工艺设计质量”，并且“使(业务)学习内容与专业建设和设计任务相结合，因此学习效果较好”。这些评价很实在，看不出“溢美”的成分，却看到徐承恩优秀的业务素质。特别是在困难的年代，徐承恩也像大家一样，要“不畏艰苦”，“能自行设法克服生活困难”，并且“在工作中始终表现精力充沛，没有任何畏难情绪”。这也真实地反映出时代的风貌。

1962 年，徐承恩再次被评为先进(部机关一级先进工作者)。在他的“石油工业部机关 1962 年总结评功先进工作者登记表”中仍有类似的“先进事迹”的评语，即：

(1) 掌握设计规律，抓住主要矛盾：徐承恩同志在担任审核人的工作中，首先着重抓住设计方案及时决定设计原则，为整个装置落实奠定了可靠的基础。尿素脱蜡设计工作中大部分问题都是老徐在设计过程中或通过他向有关领导汇报后决定的，因为问题解决得及时保证了该工艺设计的质量与速度。老徐对提高设计的水平很注意，他主动编写了“工艺设计暂行规定”。这对全组同志和其他院的同志提高水平有很大帮助。同时他通过对工艺设计的审核过程对设计人用各种不同的方式给予帮助，如叶杏园同志在做常减压装置设计时，老徐从多方面给予具体的指示，迅速地提高了叶杏园同志的技术水平。老徐既重视工艺设计的质量又重视设计速度，能坚持院领导提出的好中求快的原则，以满足石油油量的要求。因此经他审核的文件资料总是按要求缓急予以安排，从不积压，因而既保证了质量又保证了进度。

(2) 能走群众路线发扬技术民主：老徐群众路线走得好，是工艺组同志公认的，不管问题大小，他都能倾听群众的意见，并在倾听各种不同意见后加以分析归纳，提出自己的意见，再和大家一起讨论，最后再做决定。在 B-500 初步设计时，因时间要求紧而装置多，参加的人也多，设计风格等都不统一。他便及时组织大家讨论，定出了流程的画法，设计内容、资料内容等统一了风格，明确了要求并保证了质量和速度。在参加石油五厂常减压装置试运转的工作中，老徐与工人、技术人员一起全面检查了该装置，并提出了大小约 30 条建议，并结合具体情况进行了修改。在试运过程中又和现场同志一起反复讨论后制定出试运转规程并参加倒班，为试运工作作出了不少贡献。工艺组同志评论老徐的群众路线作风时说："和老徐一起工作感到心情愉快，丝毫也没有感到他有一点审核人的架子。"

(3) 实事求是，敢于提出自己的观点：在 B-500 第二套常减压装置设计中，对是否要蒸发塔这一问题有不少争论，老徐提出根据我国情况应该要蒸发塔，对换热器是否要侧线的问题，老徐提出了自己的意见。这是他对工作积极负责的具体表现。

(4) 积极学习：老徐对业务学习一贯持之以恒，终日不倦。1962 年下半年积极参加了化工学会举办的高级学习班，认真坚持学习。另外在向实际学习方面老徐也是很认真很虚心的，如在石油五厂试运中参加工人们的倒班会虚心听取工人的意见，他自己说，学到了不少实际东西。

应该说，从 1962 年的"先进事迹"中所反映出的徐承恩的业务素质更加具体了。例如，"及时组织大家讨论，定出了流程的画法，设计内容、资料内容等统一了风格""提出了大小约 30 条建议""在试运过程中又和现场同志一起反复讨论后制定出试运转规程并参加倒班"。其实他最主要的品质反映在第三点之中，也就是"实事求是，敢于提出自己的观点"。在这一点中，可以看出徐承恩对业务工作的认真程度，特别是他"根据我国情况"来设计，在具体的工作中是有所体现的。群众和领导的看法是，徐承恩的"对工作积极负责的具体表现"是"实事求是，敢于提出自己的观点"。他的另一种优秀品质体现在"积极学习"(第四点)，并且"在向实际学习方面老徐也是很认真很虚心的"，甚至"参加工人们的倒班会虚心听取工人的意见”。这些对于徐承恩的学术成长也是极为关键的。

把1962年的“先进事迹”与1961年的“先进事迹”相比，可以看出，1962年的第二点和第四点对应着1961年的第二点和第三点。但是，1962年的事迹要更加详细和具体一些，从中也能看出，徐承恩在保持先进之时，还能更进一步。同时，从这些更进一步的内容看，徐承恩在设计工作中是有明显进步的，在管理工作中，其水平也是有所提高的。

在进行“五朵金花”攻关的同时，徐承恩也参加了一些老厂的扩建工作。在老厂新增加的装置设计中，徐承恩总是千方百计想对老工艺进行一些革新。例如，在石油五厂北蒸馏装置的设计中，他和装置设计师商讨后决定，对常压和减压蒸馏塔都增加中段回流。蒸馏塔打中段回流可使塔内气体负荷均匀，增加塔的处理量，同时增加高温换热热源，提高原油换热温度，减少加热炉负荷，节约燃料油，这在今天已成为普遍常识。但在当时运转的炼油厂中，常减压蒸馏塔都只有塔顶回流，即使是苏联设计的兰州炼油厂常减压装置也是如此。当时石油五厂的总工程师王长荣同志(原是兰州炼油厂的副总工程师)了解北蒸馏装置的操作情况之后，十分高兴。他认为，这是蒸馏装置设计的一个重大的改进。

又如在设计石油五厂的丙烷脱沥青装置时，徐承恩了解到从苏联引进的丙烷脱沥青装置在操作中，丙烷蒸发塔顶的丙烷常常带油或沥青，影响丙烷溶剂的质量，于是在新的设计中，在丙烷蒸发塔的顶部增加了一个洗涤段，溶剂带油或带沥青的问题就解决了。

徐承恩的素质不只是体现在业务素质上，其道德品质和协作精神都是值得称道的。具体说来，他的一些品行更加值得称道，如“编写了‘工艺设计暂行规定’”“对全组同志和其他院的同志提高水平有很大帮助”，这表明了他对管理工作的重视；“既重视工艺设计的质量又重视设计速度，能坚持院领导提出的好中求快的原则”，这大概就是从“多快好省”的积极意义上作出的诠释；“倾听各种不同意见后加以分析归纳，提出自己的意见，再和大家一起讨论”，这是一种友好的原则(也可以说是一种民主的原则)；他“与工人、技术人员一起全面检查了该装置，并提出了大小约30条建议，并结合具体情况进行了修改”。对于个人的修养和知识储备，徐承恩非常重视，并得到领导和同事的认可，“对业务学习一贯持之以恒，终日不倦”。

这些评价，并非在“五朵金花”之后，但是具备了这样的素质，徐承恩在“五朵金花”的研发工作中的优异表现就不会令人惊奇了。

徐承恩认为，不论是否为总工程师，从事的都是炼油工作，在哪里工作，在什么岗位上工作都是一样的。所谓总工程师的“总”字，并不是指自己总比其他人多高明，“总”乃“综”，能够对设计问题进行分析判断，能够综合大家的意见、智慧，做出正确的决策。这才是总工之“道”！这种理念既反映出徐承恩谦虚的本色，也能看出徐承恩设计的理念，要有分析判断之能力，又要能综合决断，作出决策。这种理念在他1960年的“自我检查”中就有表述，他(自己)对“业务技术”的看法是：

几年来，由于领导的培养，同时由于工作性质的关系，接触面比较广，向同志们学习的机会比较多，由此在业务上也有一定的进步，收获主要在两方面：

(1)对一些新装置从不懂到懂，如尿素脱蜡、丙烷脱沥青、酚精制等。

(2)通过对古巴资料的学习，知道了一些比较完整的设计标准，对一些规定的了解，比过去更深入一些。

但是由于自己钻研精神不足，对自学抓得不紧，所以已经掌握了的知识与实际工作所要求的还相去甚远。

这里至少可以看到徐承恩努力钻研业务的精神，尽管他自谦“自己钻研精神不足”。

石油工业科技工作者就是靠着这样的精神和努力钻研，经过了

3年的时间，到1965年，“五朵金花”都成功了。“五朵金花”让中国的炼油水平跟世界先进水平之间的差距大大缩短了。例如，1959年，中国石油化工产品的品种只有300种左右，“五朵金花”成功之后，1965年，我国可以自主生产的产品已接近500种了，油品自给率达到97.6%，基本满足了国家的需求。“五朵金花”的故事反映了当时中国知识分子、工人和干部群体的拼搏精神。在徐承恩回忆20世纪50~70年代的往事之时，他特别指出，现在好多人注重技术进步，这当然没有错。但是，精神文明的建设也曾经对石油产业有很大的贡献。这就是敬业精神，自力更生艰苦奋斗的精神。这种精神已经影响了几代人，现在也应该秉持这样的精神。

这两次攻关“会战”的历练使徐承恩深刻体会到攻关“会战”的胜利成功不仅是取得了技术上的成果，更重要的是振奋了我国科技人员自力更生的精神。另外，还使大家认识到，要注意借鉴一些国外的经验，采取科研、设计、生产、制造、施工大协作的方法，中国科技人员完全有能力开发自己的炼油新技术，并赶上世界先进水平，这种无形的力量也为我国炼油工业的茁壮成长、快速发展创造了有利的条件。

这时的徐承恩不仅业务提高很快，他的政治思想觉悟和工作中的作风也有了很大的进步。对于自己的“政治思想”和“政治学习”，他写道：“这几年来，在党的不断教育下，自己觉得在政治思想上有不少进步，表现在立场上逐年更为坚定，观点上逐年更为明确。”对于“工作作风”，徐承恩认为：“在工作中自己觉得能做到服从组织分配，对领导交给的任何工作，没有讨价还价……对工作是尽自己能力，认真负责去做的。只是限于水平，在业务上往往不能胜任自己所担当的工作。以做工艺审核工作为例，发现原则问题少，而抓细节问题多，对提高设计水平所起的作用不大，因而在自己思想上也曾冒出过想不做审核人而做些具体设计工作的想法，但这种想法自己也很快意识到不是一种积极的想法，因此没有发展而很快就克服了。在日常工作中，自己认为工作情绪是饱满的，执行党的方针政策也是认真的。一般说来，在团结协作上，也能照顾大局。”

虽然徐承恩对工作非常认真，也非常负责，但他认为，自己还要不断地改进自己的“工作作风”，为此，对于“努力方向”，徐承恩写道：

“自己检查后感到无论在政治思想，还是在学习、业务等各方面，缺乏都很多，在最近阶段内需要认真对待加以克服的，主要有下列三方面：

（1）提高阶级觉悟，克服‘中游’思想，靠拢组织，争取组织帮助。

（2）努力培养‘三老四严’作风，认真负责，严肃谨慎地对待领导交给的一切工作。

（3）努力钻研业务，把好质量关。”

对于这3点，其中的第一点是“政治学习”的收获，这里的所谓克服“中游”思想，就是要不断进步，“争上游”，当先进。然而，从第二点和第三点看到，政治上的觉悟和思想上的修养都要落实到工作中，并且要把工作做好。这大概也就是徐承恩（认为自己）去学习的目的了。

第五章

十年“文革”宠辱不惊

大庆油田的发现对于中国的石油工业来说意义重大，使中国的石油工业发生了翻天覆地的变化。成功开发了大庆油田之后，中国炼油行业技术水平不断提高，第一个明显的标志就是中国甩掉了“贫油”的帽子，并且结束了依靠“洋油”的时代。

1959年，石油工业部开始集中力量进行大庆油田的“大会战”，由于原油产量大幅提高，到1960年就使当时国内的炼油工业难以满足形势发展的需要了。中国炼油行业决心从几乎一无所有的“拓荒时代”走出。而这段历史中科研人员对于更高技术的追求和探索，在中国科技人员努力追赶世界顶尖的道路上依然适用。到1966年，正当国民经济的调整基本完成、国家开始执行第三个五年计划的时候，一场长达十年的“文化大革命”爆发了。

在“文革”中，石油工业系统同样遭到了很大冲击，许多干部和工程技术人员受到批判。在北京设计院，徐承恩因为家庭成分问题受到冲击的同时，作为一个副总工程师，也成为“资产阶级学术权威”中的一员。不过，与本单位的一些老同志相比，他还算是比较幸运的，并没有被隔离审查，也没有去“五七干校”劳动，而一直在本单位受到“控制使用”。在“文革”时期，徐承恩的工作也有过多次变动，曾一度去东方红炼油厂管理企业的图纸发送和设备订货工作，多次去现场配合施工和为开工进行准备。他还参与了东方红炼油厂二期工程，参与了援助朝鲜枇岘炼油厂和阿尔巴尼亚巴尔什炼油厂的谈判和设计工作等。但是，徐承恩无论做什么工作，都努力完成，从不计较，泰然处之，勤勤恳恳地做好工作。

第一节　施工现场配合施工

1968年9月，北京设计院“革命委员会”成立，依据“三结合”的特点，“革命委员会”由军代表、领导干部和群众代表组成，共12

人。同年10月，将设计院原来的8个室和党政系统改编为10个“连队”的建制。4月27日，北京设计院150余名职工下放到石油工业部潜江“五七干校”。11月2日，将10个“连队”改编为3个“综合连”，“一连”承担北京东方红炼油厂和援外工程设计；“二连”承担其他炼油厂设计；“三连”承担五号炼油厂（即湖北荆门炼油厂）设计；生产管理和后勤系统编为直属排。11月18日，石油工业部军管会决定：“一连”留在北京，继续做援外项目和东方红炼油厂二期工程设计；院部和“二连”去湖北钟祥县建点，“三连”去湖北荆门县参加三线荆门炼油厂的设计。徐承恩被留在“一连”工作。

1965年，徐承恩被提拔为副总工程师后，从工艺室调至院工厂设计室。“文革”初期，徐承恩带领40名大学生（来自北京设计院的20名，洛阳设计院的20名）到天津周里庄建炼油试验厂。由于“文革”爆发，该厂虽已基本建成，但没有开工就停建了，后交付天津市继续建设，并成为天津市周里庄第一石化厂。建厂期间，天津大港油田的工人“造反派”听说徐承恩是北京派来负责建厂的领导，专门组织人马要到工厂批斗徐承恩，消息传到石油工业部。当时石油工业部由北京石油学院的造反派“大庆公社”（北京石油学院的学生造反派组织）占领，部里领导听闻此消息，请“大庆公社”联系大港造反派保护徐承恩，同时将徐承恩调回北京设计院工厂设计室。同年，北京设计院院长朱康福找徐承恩谈话，告知石油工业部决定将其调往燕山炼油厂（即东方红炼油厂）工作。但此时东方红炼油厂刚开始建设，施工队伍刚刚调入工厂，距开工生产尚有相当长的时间。而此时山东的胜利炼油厂（即后来的齐鲁石化炼油厂）正要开工，需要人手配合。

徐承恩当时向领导提出，自己一直从事设计工作，炼油厂的管理工作没有做过，因此希望再增加一些炼油厂的实践知识才能更好地承担今后的新任务。于是，北京设计院同意派徐承恩前往胜利炼油厂配合开工。当时，在胜利炼油厂建成的是国内第一套联合装置，所谓联合装置，即是将常减压、催化裂化、焦化三套炼油装置结合在一起。但在设计时"考虑得太理想，对装置间的操作弹性考虑不够"，导致操作起来比较困难，"即使可以开工，但是操作起来没有弹性，条件稍稍一变化操作就出现波动。"胜利炼油厂开工不顺利，需要进行大量"填平补齐"的工作，对原有工艺做些改造。因此，在胜利炼油厂第一次开工后，"填平补齐"工作就成为北京设计院的工作重点。当时的设计院院长朱康福告诉徐承恩石油工业部决定不再调他去东方红炼油厂，让他继续留在设计院，与沙展世同志轮流到胜利炼油厂负责"填平补齐"的工作，直到胜利炼油厂顺利开工。

东方红炼油厂后又称为燕山炼油厂，后更名为燕山石化公司，原隶属石油工业部，现隶属中国石化集团公司。1966 年开始筹备建设，1969 年第一套常减压装置建成投产。现在，年加工原油的能力已经超过 1000 万吨，是我国较大的合成橡胶、合成树脂、苯酚丙酮和高品质成品油生产基地之一。东方红炼油厂的建设开始筹备时正值"文化大革命"初期，在石油工业部和北京市直接领导下进行。当时以"独立自主、自力更生"为指导方针，采取边设计边制造设备、边施工边生产的方法，采取"大会战"的形式，以向国庆 20 周年献礼为目标。一期工程包括 3 套大型生产装置、八大公用系统工程，从正式破土动工到建成投产，只用了一年多的时间。

徐承恩在东方红炼油厂选址过程中也参与了部分工作，据徐承恩回忆，燕山炼油厂原本选址不在燕山，而在大兴风火营。当时北京设计院已经完成了地基勘探工作，正要进行打基础的爆扩桩，"文化大革命"爆发了。有人就出来反对在大兴建厂，理由是厂址选在平原，没有执行当时"靠山、分散、隐蔽"的政策，担心美帝苏修来轰炸破坏。造反派向石油工业部提出更改厂址，甚至还有人提出依据"靠山、分散、隐蔽"的原则，要改在房山十渡山区建炼油厂这样"闹笑话"的建议。经过多次选址比较，最终决定在燕山的一个山沟(长沟峪)建厂。选址后，设计人员请有关部门来考察厂址是否可用。经过考察终于被认可了，理由是“这厂址两边都是山，如果美帝苏修来轰炸的话，飞机要俯冲向下，两边都是山岭会给飞机俯冲带来障碍，因此选址是合理安全的。”于是，东方红炼油厂的地址选在了燕山。

根据当时的政治要求，东方红炼油厂的设计必须在“靠山、隐蔽、分散”的原则指导下进行，因此，设计人员本着既要技术先进、又要安全可靠的精神，根据山区建厂的实际情况，因地制宜地进行了精心的设计，从工艺流程、设备选型、建筑结构、自动控制到总图布置都具有自己的特点。例如，选用丙烷脱沥青加工渣油，除提供润滑油原料外，还提供催化裂化原料，沥青液体散装出厂。这样的安排，当时还是国内首创，在一定程度上节约了能源，提高了效率。

最初，东方红炼油厂的总设计师由郭雨东担任，徐承恩留在设计院参与装置设计。由于解放前郭雨东在国民党的工厂工作过，因此他被隔离审查，去干校劳动，不能继续在燕山配合施工。1968年，时任北京市“革命委员会”主任的谢富治到燕山实地考察了施工现场，发现进度比较慢。东方红炼油厂军管会向其汇报“进度比较慢的原因之一是设计院配合施工的力量不强，要求加强配合施工人员力量”。于是，谢富治回去后立刻打电话给石油工业部设计院军管会，要求加强东方红炼油厂配合施工的力量，加快建设进度。彼时，徐承恩正要被下放到湖北“五七干校”，石油工业部北京设计院“革命委员会”主任武进生找到他说：“徐承恩，你不要去干校了，赶紧去燕山，配合施工去。”徐承恩匆忙从北京市里赶往燕山，从1968年到1969年间，一直在燕山东方红炼油厂配合施工。1969年，炼油厂一期工程投产，继而开展二期工程建设。徐承恩继续主持炼油厂二期工程设计，主要负责润滑油装置的审核。1970年，北京设计院留在北京的“一连”与化工一院的一部分合并成立北京石油化工总厂设计院。此后，徐承恩就一直在北京石油化工总厂设计院工作了多年，直到1978年才调回北京设计院。

在东方红炼油厂建设期间，由于徐承恩的家庭出身问题，他虽挂有副总工程师的头衔，但却有一段时间被派去当图纸管理员，负责订货等工作。在一份关于改变东方红炼油厂空冷器风扇规格的函中，徐承恩在给哈尔滨空气调节机厂的发文稿纸上工整地写着："东方红炼油厂向你厂订货的空冷器风扇，原按产品系列选用了ϕ3000毫米及ϕ3600毫米二种，根据你厂实际生产情况和东方红炼油厂建设进度要求，供应这二种规格的风扇，尚存在一定困难。经在新乡订货会议上与你厂协商后，决定将这二种规格均改为ϕ3600毫米，但风扇的配套电机应与修改后的规格相适应。请你厂大力协助，尽快供货，以满足东方红炼油厂建设要求。"在以往，诸如订货接洽这样的工作并不是副总工程师的职责所在，但徐承恩依然能淡定如常，乐观积极，除了尽职尽责地做好安排的各种工作（包括大量杂务）之外，还认真地帮助设计人员，解答他们提出的各种疑难问题，为他们出谋划策。

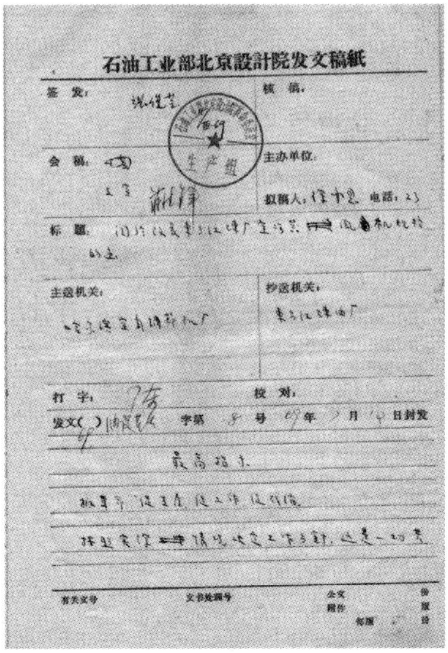
石油工业部北京設計院发文稿紙
签发：
核稿：
会稿：
主办单位：
拟稿人：
电話：
标题：
主送机关：
抄送机关：
打字：
校对：
发文（ ） 字第 号 年 月 日封发
最高指示
有关文号
文书处理号
全文 份
附件 页
每版 份

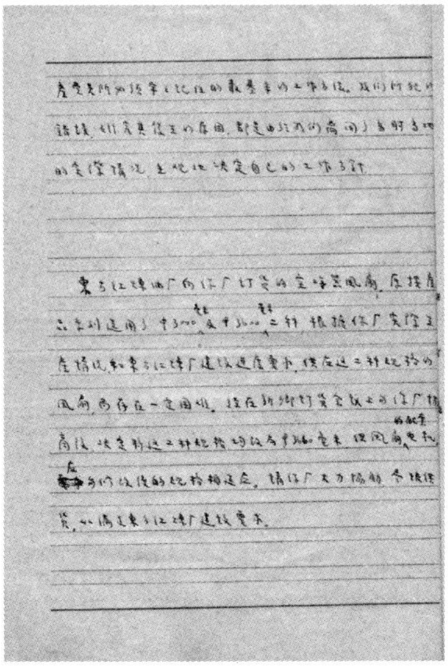

徐承恩发函订购空冷器风扇手稿

在燕山配合施工期间，徐承恩还同时参与了我国援建阿尔巴尼亚和朝鲜炼油厂的设计。徐承恩因出生于地主家庭，不能直接上谈判桌，只能“控制使用”，作为“参谋”在幕后出谋划策。具体负责阿尔巴尼亚巴尔什炼油厂设计的李学诚回忆说：“徐承恩就是我的幕后军师，虽然自己是‘司令’，有了徐承恩在背后坐镇支持，自己才能心中有底，谈判桌上才有更多的话语权。”

第二节　参与阿尔巴尼亚巴尔什炼油厂设计

巴尔什炼油厂是由中国援建阿尔巴尼亚人民共和国的3个大型项目之一，也是当时北京设计院承担的援建项目中技术难度高、设计工作量大、周期短、炼油加工工艺技术复杂的项目。这个项目被对外贸易部列为我国重大的援外项目。在谈判过程中，对外经济联络部的方毅部长十分关注这个项目，曾多次亲自召开会议听取汇报。

1968年初，石油工业部向北京设计院下达援助阿尔巴尼亚炼油厂的设计任务，于是设计院派李学诚任阿尔巴尼亚炼油厂工厂总设计师。李学诚在与石油化工科学研究院研究确定初步总流程后，1968年9月18日，石油工业部组织北京设计院、石油化工科学研究院和石油二厂有关人员组成谈判小组，在北京与阿方就援建巴尔什炼油厂的规模、总工艺流程及有关问题进行谈判。阿方要求中国实施从选厂、设计、施工指导、器材设备供应到试运、投产等全面的援助。同年11月20日，中华人民共和国与阿尔巴尼亚人民共和国政府在北京签订了《关于中国向阿尔巴尼亚提供技术援助和供应成套设备的议定书》。1969年3月，由炼化司司长甘宁带队，石油工业部组织北京设计院李学诚等8名技术人员以及筹建单位石油二厂的相关人员赴阿尔巴尼亚进行现场考察，收集设计基础资料及设计任务书，他们在阿尔巴尼亚工作了 7 个月。

阿尔巴尼亚炼油厂的设计规模为年加工阿尔巴尼亚原油 100 万吨，石油工业部决定加工过程采用中国现有的技术，产品也要达到中国较高的质量标准。阿尔巴尼亚的原油比较特殊，为高相对密度（d=1.0035）、高黏度（50℃时为 1026.8 厘淹）、高含硫（6.10%）、高沥青质（18.97%）、轻质油少（200℃前只有 5%）的重质沥青基油，跟大庆原油完全不一样。国内没有炼制这种原油的经验，因此需要研究院通过试验，来选择合适的生产流程，设计院按照研究院提出来的流程进行设计，装配水、电、气、热工、锅炉房等公用工程。经过石油化工科学研究院做了大量的试验工作后，设计、研究、建设等单位共同研究确定了巴尔什炼油厂一期共建 10 套加工装置：

（1）电脱盐脱水装置 100 万吨/年（脱水后）；

（2）常压蒸馏装置 100 万吨/年；

（3）延迟焦化装置 70 万吨/年（实为 80 万吨/年）；

（4）催化裂化装置 30 万吨/年；

（5）加氢精制装置 80 万吨/年（2×40 万吨/年）；

（6）铂重整装置 15 万吨/年；

（7）制氢装置每小时产纯氢 2 万立方米；

（8）脱硫装置 6 万吨/年；

（9）制硫装置年产硫黄 2 万吨；

（10）叠合装置 5 万吨/年。

相应的辅助设施包括：全厂化验室、仪表修理、机修、电修、油品储运、铁路、热力站、给水排水、消防、汽车库、全厂仓库及办公楼等。

二期工程为润滑油部分，共建 4 套装置，其规模如下：

（1）丙烷脱沥青装置 20 万吨/年；

（2）叠合装置提供丙烷 3000 吨/年；

（3）加氢精制装置 20 万吨/年；

（4）糠醛-白土精制装置6万吨/年。

由于阿尔巴尼亚原油含硫高，含盐也高，而炼油设备的材料和制造都要由中方解决，这就给设计工作造成了很大的困难。为此，石油工业部决定在茂名炼油厂组建年处理10万吨阿尔巴尼亚原油的电脱盐、常压蒸馏、热裂化、焦化组成的中型试验厂，并在石油三厂建立一个小型抗氢钢种筛选设施，目的是研制出和能提供炼制高硫原油的设备用钢。

在有关钢研院、设备制造厂、焊条厂等单位的共同协作下，通过一年多试验厂的建设和试验，选择了适当的钢种，保证了炼油厂建设的需要。有些钢种如12AlMoV和12Cr2AlMoV等，至今还在工程中应用。

对于中国与阿尔巴尼亚合作建厂的具体过程，李学诚回忆道，在阿尔巴尼亚的考察包括现场勘察、跟阿方研究总流程研究这些设备的摆放和布置等。在考察地形和确定厂址之后，中方的考察人员认为，原来阿方的选址位于阿尔巴尼亚费里区的费里市东南约27公里，巴尔什城东面，该地区山多，且厂区恰有一条小河经过，并不是最佳的建厂地址。中方想选在别处，但阿方却说不行，并告知中国人员，这是阿尔巴尼亚部长会议主席（相当于政府总理）穆罕默德·谢胡（Mehmet Shehu）定的，工厂必须建在巴尔什，因为这是谢胡当年打游击的地方。于是阿尔巴尼亚的炼油厂只能定址在巴尔什，后来该厂就命名为巴尔什炼油厂。

在考察过程中，李学诚小组写信给北京设计院，汇报了各方面的问题，经院内讨论，把确定的解决方案反馈回考察小组，如此反复若干次之后，最终明确了各项设计任务。1970年4月27日，阿尔巴尼亚人民共和国批准了《巴尔什炼油厂设计任务书》。该项目分为两期工程，均由北京设计院负责设计。一期工程为燃料部分，规模为年处理阿尔巴尼亚原油100万吨及精制外来汽油8万吨、外来柴油17万吨。

设计人员首先要为炼制阿尔巴尼亚原油所需要的工艺及设备做各种设计，面临着诸多的技术困难，全部设计文件均要以中文和俄文两种文本交付。加之“文化大革命”期间对管理和技术标准等的破坏和干扰，使设计工作处于无章可循的尴尬境地。因此，只有边干边重新编制一些规定。设计工作量比国内项目大得多。李学诚 1969 年 11 月从阿尔巴尼亚回国时，北京设计院已经分为 3 个“连队”，大批设计人员迁往湖北，北京设计院剩下的设计力量大为削弱，资历最深、经验最丰富的就是徐承恩了。当时徐承恩虽为副总工程师，但在“文革”的动乱时期已经有名无实。但李学诚对徐承恩非常尊重，设计过程中，“经常找徐承恩商量解决问题”。在这样非常困难的情况下，北京设计院相关设计人员提交了他们的设计方案，1970 年 5~6 月，阿尔巴尼亚派代表团审查了初步设计方案，11 月，北京设计院完成了有关巴尔什炼油厂的初步设计，并通过了阿尔巴尼亚的审核，随后正式开始施工图的设计。

1970 年，全国各地开展“抓革命、促生产”运动。据李学诚回忆，北京设计院也进行了“抓革命、促生产”运动，上午工作，下午学习，晚上加班。由于正常的工作经常被各种运动和政治学习所打断，设计时间没有保证，工作效率非常低。石油二厂负责阿尔巴尼亚炼油厂的订货和开工等工作，是该项目的筹建单位。石油二厂的同志看到此种情况，怕这样下去会使设计和施工进度受到影响。石油二厂的领导说，这样搞设计是不可能按期完成的，建议设计人员到石油二厂来进行设计，工厂给设计人员提供吃住。1971 年，北京设计院决定将阿尔巴尼亚炼油厂的设计队伍整个调至抚顺，在石油二厂的宿舍区进行设计工作。北京设计院有 200 多人被派往石油二厂参与设计工作，“除了晒图人员、后勤人员不去，连打字的、描图的都去了”。这也是李学诚与徐承恩接触最多的时期。

整个项目总带队的是邵祖光，李学诚当时作为工厂设计师与邵祖光、魏高兴共同带队。但是从技术上来说，邵祖光和魏高兴是搞设备设计的，工艺设计的把关就落在了李学诚身上。而李学诚就依靠徐承恩，“参谋”就是徐承恩。由于“文革”开始后，从苏联那里学到的设计分工和设计规范等制度都受到了批判，这些制度都被认为是苏联修正主义的东西，要全部作废，不能作为设计工作的依据。为此，李学诚等人必须完全按照新的规定来做设计。李学诚虽然对现场工作十分熟悉，但对“真正工艺设计里面的好多细节问题并不十分清楚，也没有多少经验”。“那个时候是设计的关键时刻”，李学诚把徐承恩当成自己的“参谋长”，要徐承恩主要负责工艺图纸的审核。但是，在名义上，徐承恩什么都不是，只作为一般成员，并没有任何特殊待遇。在石油二厂，由于条件比较艰苦，李学诚与其他几位领导住一间宿舍，徐承恩跟工艺组的其他同事一起住着上下铺，挤在一个住 8 人的房间中。但是，他的情绪淡定如常，“对待周围的同事也同以往并无二致，并未故作清高，也没有去刻意逢迎”。李学诚回忆道，在“文革”后期，当时设计院里的一位书记见到李学诚经常向徐承恩请教，就偷偷告诉李学诚说：“徐承恩是技术权威，应该打倒，不能听他的建议，你要自己拿主意。”而李学诚则不同意，他认为，徐承恩经验丰富，设计工作做得多，也有丰富的管理经验。由此，李学诚在技术方案、设计分工、规范标准等问题上多次向徐承恩请教，徐承恩也针对很多施工图里面的详细的技术问题、分工问题、规范问题和标准问题提出他的意见。虽然过去的标准不允许使用，但装置的诸多部件、大量的参数，对于徐承恩来说，都已烂熟于心，对于那些工艺流程、技术原理，徐承恩也非常熟悉。对于平面布置、工艺流程里面的细节问题，如具体设计、设备、基础、土建等徐承恩都给予过详细的指导。每一次开技术委员会会议李学诚都请徐承恩参加，拿不准的事情会事先跟徐承恩个别商量，在做决定前都先请徐承恩发表完意见，最后李学诚再作决定。徐承恩那时不能参加与外国人的谈判，只能在后台作“参谋”，提供咨询。

1972 年第一季度，经过设计人员的通力合作，阿尔巴尼亚炼油厂一期工程施工图设计完成，这份设计图里，有着徐承恩的设计理念和创新。随后，北京设计院又相继派出设计人员赴阿尔巴尼亚配合施工，1977 年 2 月，炼油厂基本建成；1978 年 8 月，炼油厂全面建成投产，装置及相应系统都实现了一次投产成功。

巴尔什炼油厂所用的仪表、气体压缩机、防爆电动机、制氢装置转化炉、延迟焦化装置加热炉进料泵、叠合装置进料泵、水力除焦机械等关键设备器材、施工机具和检测仪器等全部是中国制造的。在设计中，设计人员坚持质量第一、精心设计，每批到货的仪表、设备、器材都按设计要求的标准进行严格检验，未达标准和有质量问题的坚持不用。如果有问题就要请原制造厂家到阿尔巴尼亚的施工现场进行修整，有时还派专人带上修复方案专程回国找制造厂共同解决。由于工程进度快和工程质量好，阿尔巴尼亚项目组被中国驻阿尔巴尼亚的使馆评为优秀专家工作组，并受到中国对外贸易部的表扬。对此，幕后的徐承恩也作出了很大贡献。

巴尔什炼油厂的二期润滑油工程设计于 1976 年 8 月完成，部分设备陆续运抵现场，但由于阿尔巴尼亚的政治形势变化，特别是阿尔巴尼亚公开反华之后，中国与阿尔巴尼亚的关系不断恶化，援建工作中止，未发出的设备就调给了济南炼油厂使用。

李学诚回忆其与徐承恩在援阿设计中共同工作的经历时，对徐承恩的评价是技术全面，对人诚恳，能上能下，任劳任怨，乐观积极。

第三节　参与朝鲜烽火炼油厂设计

1972 年底，朝鲜政府代表团访问中国，并请求中国援建枇岘炼油厂(后称烽火炼油厂)。由于考虑到援建阿尔巴尼亚巴尔什炼油厂的工作进展得比较顺利，石油工业部外事局局长孙柏成点名李学诚继续承担与朝鲜谈判的任务。为此，1973 年，李学诚赴朝鲜考察 3 个月，主要考察了水、电供给的问题，并与朝鲜方面主要谈了平面布置问题。此后，朝鲜烽火炼油厂于 1973 年 6 月由中朝两国政府签订意向书，并于 1973 年下半年，北京石油化工总厂设计院完成了炼油厂的初步设计，朝鲜也派出专家来华进行审核。

在朝鲜代表团的成员中，有人曾在苏联学习过；并且这几个人比较精明，对初步设计的要求就异常严苛，所提出的问题也特别多。1973 年，朝鲜代表团的审核人员被安排住在北京友谊宾馆，李学诚等设计人员以及石油工业部外事局孙柏成局长、外事局的韩瑞星都参加了审核的工作。此时，对徐承恩的"管控"已经不像之前那么严格，徐承恩可以参加部分审核和谈判工作了。在审核过程中，有不确定之处，李学诚就请教徐承恩，或一起进行讨论，或一起向朝方代表解释。徐承恩丰富的经验、扎实的设计审核功底和全面细致的考虑给朝方代表留下了深刻的印象，在审核和谈判中发挥了重要的作用。

1974 年，枇岘炼油厂的施工图完成并交付朝方，李学诚作为副组长带专业人员到朝鲜配合施工，承担筹建的单位是石油七厂，其厂长唐启顺也亲自跟随。由于徐承恩还只能"控制使用"，尚不能出国，也就无法参加配合施工的工作。当时，朝鲜代表团中的一个姓崔的工艺技术负责人，见到李学诚就问："徐承恩怎么没来?"李学诚只好推说徐承恩还有别的任务无法前来。后来才了解到，朝方代表团的技术人员认为，徐承恩在谈判中眼光犀利，解释问题一语中的，让朝方代表甚为叹服，对徐承恩的意见也都乐于接受。有了前期谈判审核的铺垫，再加上朝方的炼油厂主要炼制大庆原油，对工程技术中方人员都很熟悉，配合施工的过程非常顺利。

援建朝鲜烽火炼油厂项目是中国以长期无息贷款方式提供的援建项目，该厂年处理大庆原油 150 万吨，为燃料–润滑油型炼油厂。

中方负责厂区内的工程设计并提供全套设备及施工、试运等技术指导。烽火炼油厂的装置组成为：

（1）150 万吨/年常减压蒸馏装置；

（2）60 万吨/年催化裂化装置；

（3）20 万吨/年丙烷脱沥青装置；

（4）15 万吨/年酮苯脱蜡装置；

（5）6 万吨/年糠醛-白土精制装置；

（6）5 万吨/年氧化沥青装置；

（7）3 万吨/年分子筛脱蜡装置。

此外，还包括各系统工程的相应配套设施，如锅炉房、循环水场、污水处理场、变电站、油品储运、铁路装卸、机修、仪修、仓库、化验室等，全厂共有 85 个单元。

烽火炼油厂的工程设计和建设分为两期进行。此项工程由北京设计院承担全部设计工作，石油七厂负责器材供应及开工指导，石油工业部第四工程公司负责施工指导。中方共派出各类技术人员百余人，其中北京设计院先后共派出 25 人。由于工程项目从设计、器材供应到施工指导及开工指导等工作进行得很顺利，每套装置都是一次投产成功。

烽火炼油厂的一期工程为燃料部分(常减压装置、催化裂化装置及相应的公用工程)，其他装置及相应的公用工程为二期工程。一期工程的施工图设计于 1976 年 3 月全部完成，1978 年 9 月建成并一次顺利投产成功。李学诚等人由此还获得朝鲜颁发的勋章。徐承恩虽没得到勋章，但在援朝的工程设计中功不可没。二期工程的施工图设计于 1978 年交付，1980 年 11 月至 1981 年 10 月相继建成投产。

在北京设计院两次援建国外炼油厂的设计中，由于处在“文革”时期以及徐承恩家庭出身问题，他都不能直接参与设计和谈判工作，只能为谈判做一些幕后的工作，给一线人员出谋划策。但即便如此，仍然赢得了我方与外方人员的尊重和认可。徐承恩在逆境之中宠辱不惊、认真做好本职工作的态度让人敬佩。徐承恩女儿徐彦回忆道："小时候有时听他说要去友谊宾馆或者北京饭店谈判援外项目，听起来像是很光荣的任务。直到多年后有一次听哥哥说起来，我才知道父亲那时因为不是党员，是不能上谈判桌的，只能在幕后参谋。父亲对此无所谓，他觉得只要能把工作做好，他在台上台下都没关系。"虽然徐承恩在"文革"中受到一些冲击，但徐承恩淡泊名利，依旧乐观积极，热爱工作、热爱生活。徐彦说："名利对父亲并不重要，也不是他的追求，他欣赏并以身实践的是林则徐的名言：苟利国家生死以，岂因祸福避趋之。"

第六章

为开发炼油新技术尽责尽力

1976 年 10 月，“四人帮”被捕，并且以此为标志，中共中央宣布“文化大革命”结束。1978 年 12 月召开的中国共产党第十一届三中全会，是新中国成立以来党的历史上具有重大意义的伟大转折，产生了深远的影响。在中国现代化的进程中，这也标志着中国炼油工业进入了改革开放的新时期。

由于在“文革”期间一直坚持科技工作，并作出了重大贡献，1977 年，徐承恩在北京市科学技术大会上被授予“北京市科学技术先进工作者”称号；1978 年，全国科学大会也给徐承恩颁发了奖状。

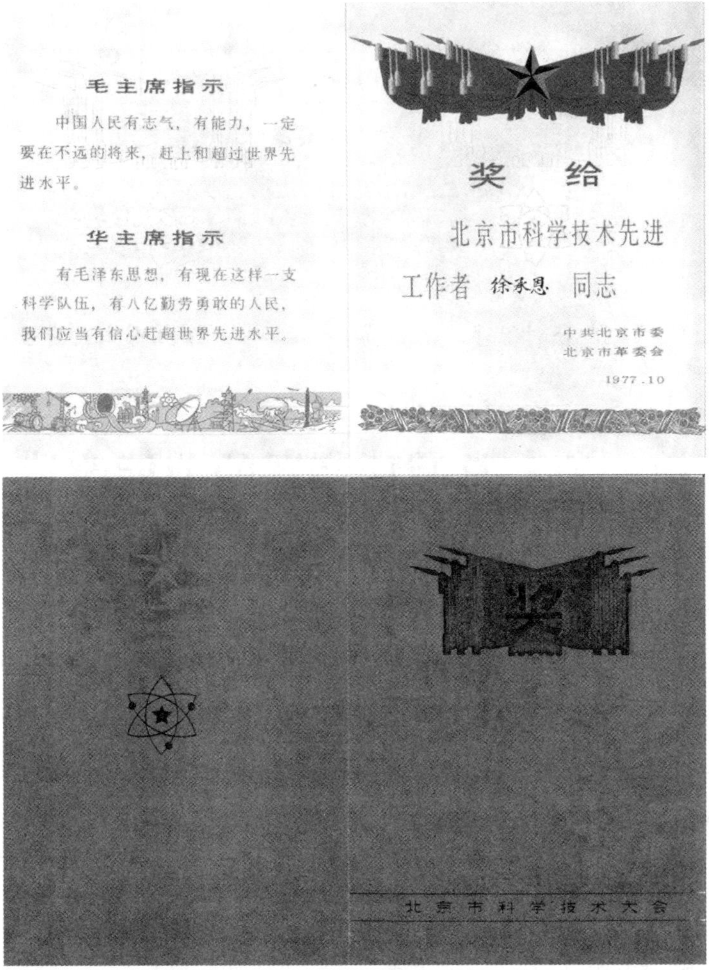

1977 年徐承恩被授予“北京市科学技术先进工作者”称号

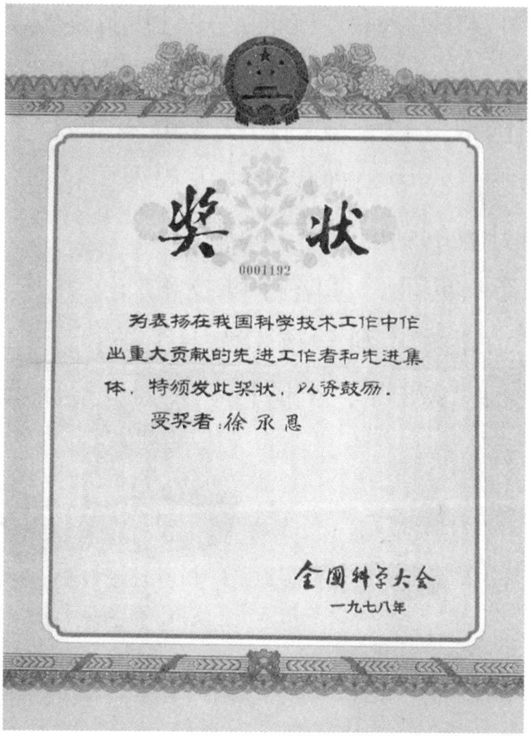

1978 年全国科学大会对徐承恩在科学技术工作中作出的重大贡献进行表彰

第一节　常减压装置的节能改造

1978 年 4 月，第五届全国人大常委会决定，撤销石油化学工业部，成立石油工业部（1970 年 6 月，煤炭工业部、石油工业部、化学工业部合并，组成燃料化学工业部。1975 年 2 月，燃料化学工业部分为煤炭工业部和石油化学工业部）。同年 12 月，石油化学工业部在撤销前还有相应的决定，将北京石油化工总厂设计院原北京设计院的炼油设计力量（“文革”期间的北京设计院“一连”）回归炼油设计院，成立了石油工业部北京炼油设计研究院，直属石油工业部领导。至此，北京设计院分散近十年的炼油设计人员又重新组织在一起，肩负起全国炼油和石油化工厂的设计任务。同年，经石油工业部批准，石油工业部北京炼油设计研究院更名为石油工业部北京石油设计院。1983 年，中国石油化工总公司成立，北京石油设计院划归总公司领导，更名为中国石油化工总公司北京石油设计院。1984 年 1 月，又更名为中国石油化工总公司北京设计院(下文简称为中国石化北京设计院或北京设计院)。

20 世纪 60 年代，炼油工业“五朵金花”攻关项目的完成，使我国的炼油工艺水平大为提高，但在十年“文革”动乱期间，我国的炼油工业水平却没有什么大的发展，与世界炼油工艺水平相比又拉大了差距，其中的一大差距就是我国炼油工业的能耗很高。众所周知，炼油工业是耗能大户，能耗的费用在炼油成本中占有很高的份额。1978 年，石油工业部炼化司对全国炼油厂进行了能耗普查，调查结果表明，蒸馏装置的能耗，在炼油厂全厂能耗中所占比例较大。以上海炼油厂为例，1978 年，全厂平均能耗为 92.48 万千卡/吨原油，而蒸馏装置在改造前能耗为 24.7 万千卡/吨原油，占全厂能耗的 26.7%。故降低蒸馏装置能耗对降低全厂能耗具有重大的意义。据报道，美国帕斯卡哥拉炼油厂 1973 年建设的 2 号蒸馏装置，原油换热后温度高达 335 摄氏度，加热炉热效率达到 92%，全装置能耗为 17.23 万千卡/吨原油；美国弗洛尔公司新设计的蒸馏装置，能耗降至 13.06 万千卡/吨原油。更为先进的法国东日炼油厂常减压蒸馏装置的能耗只有 10 万千卡/吨原油。由此可见，我国炼油厂的能耗与国外相比有很大差距，节能的潜力很大。于是石油工业部炼化司决定，把炼油技术改造的重点放到提高产品质量、节约能源、治理“三废”和提高技术水平上，安排北京石油设计院以上海炼油厂 1 号常减压蒸馏装置为试点进行节能改造。

上海炼油厂 1 号常减压蒸馏装置节能技术改造是全国炼油老装置改造的最先试点，由上海炼油厂和北京石油设计院合作，制定有关装置的节能技术改造方案。徐承恩作为北京石油设计院副总工程师组织院内有关同志实施技术攻关，主要参加攻关的有周子方、黄宇樑、张福厚、陈志奎和张伯嗣等。

经过对常减压蒸馏装置用能情况和节能潜力的分析，徐承恩决定以下列几个方面作为节能改造的主攻方向：

1）优化常压塔、减压塔各个回流的取热比例，以取得更多的高温位热源与原油换热；

2）优化原油换热流程，提高原油进加热炉温度以减少加热炉热负荷；

3）采取措施提高加热炉热效率；

4）尽量利用低温热源；

5）采用新型塔盘，降低塔盘压降，提高拔出率。

采用的具体措施如下：

1）蒸馏塔的回流是用以保证分馏精确度和取出塔内多余热量的手段，在我国老的蒸馏装置设计中，往往采用多打塔顶冷回流这种方法以保证油品的分馏精确度，这样就使得大量高温位热量变成了低温位热量，不利于热量的回收利用。上海炼油厂 1 号蒸馏装置的常压蒸馏塔在改造前只有一个中段回流，取热比例是塔顶冷回流：中段回流为 70：30。改造方案增加常顶循环回流和高温位的常二中段回流，取热比例变成塔顶冷回流：常顶循环回流：常一中：常二中为 21.2：27.3：31：20.5。在调整减压塔的回流取热比例方面：改造前减压塔只有一个中段回流，取热比例是塔顶冷回流：中段回流为 60：40。改造方案增加减一中回流，以提高回流的温位，使取热比例变成塔顶冷回流：减一中：减二中为 6.5：50.5：43。这样改造后，初馏塔底油经换热后入常压炉，温度由 245~250 摄氏度升高至 292.5 摄氏度，大大减少了常压加热炉的热负荷。

2）常减压蒸馏装置中原油换热流程的优化对节约能源具有十分重要的作用，由于换热的热源比较多，冷热流匹配的方案很多，而每一方案的计算工作量又比较大，用手工计算，难以得到最佳方案，于是徐承恩想到用计算机来辅助设计，但当时设计院的计算机配置和技术人员计算机的应用水平都还比较低，所以就去中国科学院计算机研究所请求帮助，并进行合作。计算机研究所领导同意派张从金协助北京石油设计院开发换热流程优化程序，最初阶段双方合作有一点儿困难，因为张从金不了解炼油工艺，而设计院的同志又不熟悉计算机编程，经过一段时间的磨合，进展就比较顺利了，最后结合英国 Linnhoff 教授的窄点理论，合作编制了换热流程优化程序，这一程序的编制和应用，对蒸馏装置的设计是一个飞跃，在以后的老厂改造中迅速得到推广应用。在改造上海炼油厂 1 号蒸馏装置中的应用结果是，使原油换热温度提高了 40 摄氏度左右。

3）在节能改造前，上海炼油厂 1 号常减压蒸馏装置加热炉烟道气的热量没有被很好地回收利用，存在排烟温度高、过剩空气系数高、炉壁热损高、热效率低的所谓“三高一低”状况，加热炉效率较低，只有 70%左右。为了提高加热炉热效率，首先在对流室采用钉头管代替光管，用作原油预热管，以回收烟气热量。为解决钉头管的积灰问题，设置了电动吹灰器，并配备电气程序控制，定期吹灰。同时增设空气预热系统，使入炉空气温度由常温加热到 220~230 摄氏度。加热炉供风量通过装在辐射室顶部的氧化锆含氧指示仪对烟气中含氧量进行检测。经 ZSL 型长行程执行机构调节各炉风道蝶阀自动控制，也可在操作室遥控。为控制合适的过剩空气率，另外还通过炉内负压的检测，控制烟道挡板的开度。

加热炉改造效果

参数	改造前				改造后			
	炉-1	炉-2	炉-3	炉-4	炉-1	炉-2	炉-3	炉-4
加热炉热效率	65%左右				86%	84%	86.5%	88%
排烟温度(摄氏度)	480~520				237	235	214	204
烟气含氧量	>8%				3.7%	6.55%	6.1%	1.45%
过剩空气系数	1.5~2.0				1.17	1.41	1.3	1.07
空气预热温度(摄氏度)	常温				212			
加热炉噪声(分贝)	100~105				87	84.5	84	81.5
加工每吨原油燃料单耗(公斤)	18				11.16			

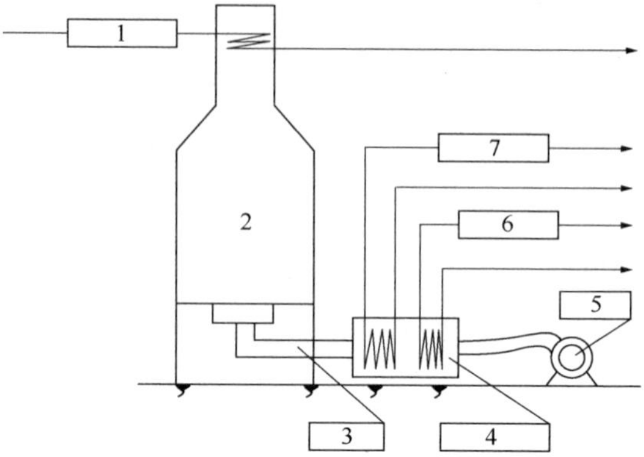

1—100℃脱盐原油；2—加热炉；3—风道；4—空气预热器；
5—鼓风机；6—常压一线油 177℃；7—常压三线油 270℃

加热炉空气预热系统流程

4）在利用装置低温热源方面，除充分利用加热炉低温烟气热量外，还增加了原油与初馏塔顶油气换热。

5）在减压塔使用新型网孔塔盘，使塔内压降从 10.4 千帕斯卡降到 4.5 千帕斯卡，提高了减压拔出率。

在徐承恩带领并亲自参与下，装置设计圆满完成。经过周密准备，上海炼油厂 1 号常减压蒸馏装置于 1979 年 7 月停工改造，仅用 16 天就完成了节能改造任务，8 月初改造过的装置顺利投产。改造之前，旧装置年处理能力为 250 万吨大庆原油。1977 年，平均日炼量为 7560 吨，高峰日炼量为 8695 吨。改造之后，新装置的日炼量可达 9070 吨以上，并且改造后减压馏分油的质量明显提高，每年可增产润滑油料 4.13 万吨；在没有增加加热炉的情况下，装置的年加工原油能力由 250 万吨提高到 285 万吨。原油入常压炉温度从 250 摄氏度提高至 290 摄氏度，装置热回收率从 55%提高到 67.5%，加热炉效率从 70%提高到 85%。能耗由 27.13 万千卡/吨原油降到 17.83 万千卡/吨原油，降低了 34.28%。此外还节省蒸汽 7 万吨，节水 208 万吨。即使不计提高处理量带来的经济效益，仅节能一项，每年就可节约 177 万元，半年即可收回投资。

上海炼油厂1号常减压蒸馏装置的节能改造工作可降低能耗约35%，为老装置的节能改造起到了示范作用。石油工业部以此为契机，在全国炼油厂推广节能改造工作，取得了很大的经济效益。到1985年，全国常减压蒸馏装置的平均能耗已降低到13.64万千卡/吨原油。由于上海炼油厂1号常减压蒸馏装置的节能改造成果显著，该项目获国家科技进步奖一等奖。

节能改造经济效果表

项目	每吨原油单耗		全年节约数	单价	全年节约价值（万元）
	改造前	改造后			
燃料油	18公斤	11.16公斤	1.95万吨	55元/吨	107
蒸汽	61公斤	36.4公斤	7万吨	6.5元/吨	45.5
水	3.5吨	2.77吨	208万吨	0.12元/吨	25
电	6.5度	6.5度	—	0.126元/度	—
合计					177.5

注：按每年加工原油285万吨计。

第二节　常压渣油催化裂化

1982年1月，国务院发出《关于对现有企业有重点有步骤地进行技术改造的决定》。根据这个决定的精神，炼油工业的技术改造出现了全面展开、不断深入的局面。1982年5月，为了具体研究炼油工业技术改造的有关方针政策、规划措施等问题，石油工业部专门召开了炼油技术改造座谈会，会议指出：炼油工业技术改造目标是提高经济效益，包括企业自身效益和社会效益；技术改造的主要内容是降低能耗、提高质量、搞好环保、合理利用资源；技术改造的途径是不断采用新技术、先进设备，达到技术先进；此次会议后，为加强全行业大规模技术改造的组织领导，石油工业部于1982

年5月，成立炼油技术改造领导小组。同时，在石油工业部孙晓风副部长主持下，在大连开会讨论研究后，专门成立了十个专业技术组，每一个专业技术组提出本专业迫切需要解决的攻关项目，经过论证通过后，由石油工业部支持，相应技术组负责技术攻关，并从研究、设计到工业化负责到底。这十个技术专业组，即催化裂化专业组、提高汽油质量专业组、热加工专业组、加氢专业组、添加剂专业组、润滑油专业组、节能专业组、环保专业组、气体利用专业组、设备专业组。专业组成员都是石油工业部有关司局和炼油科研、设计、情报、生产等方面的专家，共计151人，各组的人员组成，均体现了科研、设计、生产相结合的原则。徐承恩被任命为提高汽油质量专业组组长，带领团队负责催化重整、MTBE(甲基叔丁基醚)、汽油精制等方面的攻关。

在去大连参加技术攻关会前，徐承恩带领院内有关同志研讨攻关项目后，一致认为，常压渣油催化裂化技术是我国石油炼制中迫切需要、亟待攻关的项目。在生产过程中，炼油厂产生的大量渣油不仅严重影响轻质油产率，而且大大降低了炼油企业的经济效益。由于渣油比较重，很容易结焦，炼制比较困难。当时国外一些大公司如Kellogg、Total、UOP等都在积极开发常压渣油催化裂化技术，并已经建有工业生产装置，而我国只有牡丹江炼油厂进行过在催化原料中掺兑常压渣油的工业化试验。由于大庆常压渣油在我国各种渣油中质量相对较好，炼制难度相对较小，而且大庆原油产量大，全国炼制大庆原油的炼油厂较多，如果大庆常压渣油催化裂化技术开发成功，将对整个炼油工业产生巨大影响。因此，北京石油设计院决定从大庆渣油入手。借助石油工业部的技术改造活动这个难得的契机。在大连攻关会上，徐承恩代表北京石油设计院向石油工业部申请大庆常压渣油催化裂化技术攻关项目。这个项目在炼油技术攻关座谈会上得到了孙晓风部长和与会专家的高度认可，获得批准立项。石油工业部将此任务交与北京石油设计院、洛阳设计院、石油化工科学研究院一起攻关，指定陈俊武任攻关组长，闵恩泽和徐承恩为副组长，在大连的石油七厂建设一套80万吨/年渣油催化裂化装置。工程设计由北京石油设计院负责，具体负责设计的是赵伟凡和杨启业。

鉴于大庆常压渣油催化裂化技术对我国炼油技术进步以及对炼油企业效益提升的重要意义，石油工业部向国家申请将大庆常压渣油催化裂化项目列为国家“六五”重点攻关项目，国家科委为此召开了立项论证会，石油工业部派徐承恩到会上去作开题报告。在报告中，徐承恩详细阐述了开发大庆常压渣油催化裂化技术的重要性、迫切性和经济性，以及攻关的难点和有利条件等。徐承恩的论述得到了国家科委和与会专家的一致认可，认为大庆常压渣油催化裂化项目的攻关的确对炼油工业的发展有重大意义，为此同意将其列入国家“六五”重点攻关项目。

常压渣油是原油中的重组分，含有大量易结焦的沥青质、胶质、稠环芳烃。原油中的重金属、硫、氮等杂质都富集在其中，这些特性造成催化裂化过程中催化剂污染严重，生焦率高，反应器-再生器系统热量过剩等，与蜡油催化裂化有很大不同。为了解决这些难点问题，必须开发下列技术：

（1）针对渣油特性，开发既具有良好活性、选择性和高温稳定性，又有抗重金属污染性能的新催化剂，这一任务由石油化工科学研究院负责，石油化工科学研究院成功地开发出性能良好的CRC-1渣油裂化催化剂，质量达到了预期水平。

（2）为了使渣油与催化剂接触时能瞬时气化以减少生焦和过度裂化，需要开发高效雾化喷嘴，使喷出的油滴细而均匀。由北京石油设计院经过对各种喷嘴的专利资料分析比较，设计出喉管式气流雾化喷嘴，这种喷嘴结构简单，分散效果好。

（3）为了避免过度裂化，减少干气产量，在提升管出口必须将油气和催化剂迅速分离，为此，北京石油设计院与中国科学院化工冶金研究所(即现在的中国科学院过程研究所)合作，开发出新型的弹射式快速分离器。化工冶金研究所负责此项工作的为王中礼。

（4）由于渣油催化裂化的生焦量多，再生器烧焦产生的热量超过了催化裂化反应所需的热量，故必须将多余热量从再生器中取出。北京石油设计院通过大量调查研究，吸取化工装置从流化床反应器中取热的经验，设计出在再生器密相床中使用的垂直管式水取热器。

大庆常压渣油催化裂化项目原定的建设对象是石油七厂拟建的新装置，但 1982 年下半年情况突然发生了变化。由于国家资金困难，要缓建一批基建项目，石油七厂的催化裂化装置亦在其中，这样势必影响这一国家“六五”重点攻关项目的完成。恰好此时由北京石油设计院设计、1978 年开工建设、已建成常减压蒸馏和蜡油催化裂化装置及大部分公用工程的石家庄炼油厂亦在停缓建中。停缓建后的石家庄炼油厂经费紧张、人心浮动、局面十分困难，厂长赵光中同志对此十分焦急，他想采取措施使石家庄炼油厂早日投产，便亲自来北京石油设计院商量如何用少量投资使石家庄炼油厂低负荷运转和简易开工的方案。北京石油设计院经讨论研究并作工艺核算后认为，采用将已建的蜡油催化裂化改为常压渣油催化裂化方案可大量节省投资，对原有设备改动少，经济效益好。于是石家庄炼油厂正式委托北京石油设计院做出详细的设计方案，并由河北省与石油工业部规划设计总院共同主持召开了设计审查会。会议讨论并通过了这一方案。因此，大庆常压渣油催化裂化的工业试验便从石油七厂转移到了石家庄炼油厂。

1983 年初，北京石油设计院完成了改造方案的施工图后，立即将已建成的蜡油催化裂化装置改造为常压渣油催化裂化装置。同年 6 月初进行第一次试运转，9 月正式投入生产运行。实践证明，对大庆常压渣油催化裂化采取的各项措施都是成功的，达到了预期效果。

大庆常压渣油催化裂化的汽油收率达 44.2%，轻柴油收率达 31.2%，轻质油收率共计 75.4%，产生的经济效益十分可观，使石家庄炼油厂起死回生。从 1983 年 12 月开始，该厂又进行了大比例掺炼任丘常压渣油试验，发现装置适应性强，效果也很好。根据这一成功经验，九江、安庆、兰州、长岭、武汉、天津、前郭、洛阳、燕山等炼油厂纷纷在催化裂化装置中掺炼渣油。这些成功的经验都使渣油催化裂化成为提高炼油厂经济效益的亮点，也使我国初步走出了一条适合中国国情和中国原油特点的炼油工艺道路。大庆常压渣油催化裂化攻关项目顺利完成，1987 年该项目被评为国家科技进步奖一等奖。大庆常压渣油催化裂化技术的实现，是催化裂化工艺技术中的里程碑，标志着我国在催化裂化技术方面前进了一大步。

至 20 世纪 90 年代，我国已成为世界渣油催化裂化装置最多，用催化裂化工艺处理渣油量最大的国家。

徐承恩(左一)在乌鲁木齐炼油厂考察催化裂化工地

第三节　甲基叔丁基醚合成工艺的开发

车用汽油是炼油厂主要的石油产品。20 世纪 70 年代以来，由于作为汽油辛烷值改进剂的四乙基铅对人体具有毒性和对汽车尾气催化转化器有中毒作用，车用汽油必须迅速朝着无铅或低铅方向发展。甲基叔丁基醚（MTBE）以其辛烷值高（*MON*101，*RON*117）、原料易得、性能与汽油接近等特点被欧美各国选为重要的汽油辛烷值改进剂，其生产也得到迅速的发展。

我国生产的车用汽油组成中，高辛烷值汽油组分很少，辛烷值的提高主要靠添加四乙基铅。但是，随着环保要求的提高，这种情况难以为继，因此徐承恩领导的提高汽油质量专业小组决定将 MTBE 的生产与应用列为重点项目。1983 年 9 月，这一专题也被国家科委列为国家攻关项目，攻关的目标是在上海的高桥石化炼油厂建成投产一套规模 2 万吨/年的工业生产装置。装置的工程设计由北京石油设计院负责，设计负责人为王崇谦和徐龙星。

提高汽油质量专业小组组织了齐鲁石化公司研究院、石油化工科学研究院、北京石油设计院、高桥石化炼油厂和上海石油化工研究院等单位一起攻关。

齐鲁石化公司研究院从 1980 年就开始研究 MTBE 的合成，而且在齐鲁石化公司的橡胶厂建成了一套规模 5500 吨/年的装置，为项目攻关创造了有利条件。对于 MTBE 合成用的催化剂的研发，齐鲁石化公司研究院与核工业部五所合作开发出 S 型大孔磺酸树脂催化剂，其性能已达到国外通用的 Amberlyst-15 催化剂的水平，但对大型化装置、MTBE 的调和性能、对汽油理化性能的影响、对汽车发动机燃料系统金属和非金属材料的作用、MTBE 对人体的影响等均尚未系统地进行研究，攻关组需要对这些方面进行补充研究和完善。

MTBE 的合成反应是可逆放热反应，反应温度越低，反应平衡常数越高，转化率也越高，而且反应的速度很快，因此如何取出反应热，防止反应床层超温并达到对转化率的要求，是反应器类型选择和设计的关键。齐鲁石化公司橡胶厂千吨级装置采用的是列管式反应器，虽然也可满足生产要求，但结构复杂、制造费用高，不利于大型放大。因此，攻关组提出采用外循环冷却的筒式反应器进行试验，试验取得了满意结果。试验证明，筒式外循环反应器的结构简单，调节灵活，操作弹性大。后来建设的工业生产装置基本都采用这种类型的反应器。

MTBE 的应用研究由石油化工科学研究院负责，对 MTBE 与炼油厂中的直馏汽油、催化重整汽油、催化裂化汽油逐一进行了单组分、二组分、三组分的调和试验，测定了各种工况下 MTBE 的调和效应，对 MTBE 加入汽油中后对汽油理化性质和汽车发动机系统材质的影响进行了系统研究，并委托北京医学院对 MTBE 对人体毒害的影响进行研究，取得了大量数据，为 MTBE 的应用奠定了扎实基础。

1985 年，北京设计院完成了高桥石化炼油厂 MTBE 装置的设计，该装置 1989 年 6 月建成，并一次开工投产成功，各项技术经济指标和产品质量全面达到并优于国家科委攻关合同规定的要求。高桥石化炼油厂用生产的 MTBE 调制出抗爆指数为 85 的无铅汽油，达到出口标准，年增加利税 1200 万元。1990 年，该项目获中国石化总公司科技进步奖一等奖。

为了精益求精，科技人员对 MTBE 生产技术的开发一直没有停止。在筒式外循环反应器试验成功后，北京设计院、齐鲁石化公司研究院、上海石油化工研究院、清华大学和洛阳炼油厂等单位合作，研究将催化蒸馏技术应用于 MTBE 的生产。催化蒸馏是将反应器与蒸馏塔合在一起，其优点是反应热可供塔内液体蒸发使用，降低了能耗；最终反应是在 MTBE 浓度较低的情况下进行的，因此可提高平衡转化率，由于反应与蒸馏合一，简化了流程，减少了设备，从而节省了投资与操作费用。

1988 年 12 月，MTBE 催化蒸馏工艺试验在洛阳炼油厂的 2000 吨/年工业试验装置试运行成功，技术指标达到预期攻关目标。经中国石化总公司鉴定后，1991 年，该技术获中国石化总公司科技进步奖一等奖，并在国内新建装置中推广应用。

1991 年 4 月，由北京设计院、齐鲁石化公司研究院和高桥石化炼油厂合作开发的混相床 MTBE 合成技术在高桥石化炼油厂的 MTBE 工业装置上试验成功。这项工艺技术的特点是控制反应器压力使反应物料部分气化以控制给定的反应温度，反应热可以全部利用。试验结果：异丁烯转化率为 94%~95%，选择性≥98%，MTBE 产品纯度≥98%。该技术 1992 年 3 月通过中国石化总公司鉴定，同年获中国石化总公司科技进步二等奖。

徐承恩领导的提高汽油质量专业小组所主导的 MTBE 开发和应用项目的总成果获得了国家科技进步奖二等奖。

徐承恩(右三)在齐鲁石化公司催化剂厂参加高新技术企业认定专家评审会议

1989 年徐承恩被中华人民共和国建设部授予“中国工程设计大师”称号

第四节　支持研发逆流重整新技术

催化重整(catalytic reforming)是以重石脑油为原料，在一定温度、压力、临氢和催化剂存在的条件下进行烃类分子结构重排反应，生产芳烃、高辛烷值重整汽油和副产大量氢气的工艺过程，是现代炼油和石油化工的支柱技术之一。重整汽油是高辛烷值汽油调和组分，在欧美等发达国家的汽油池中已达到 1/3；重整芳烃是化纤、塑料和橡胶的基础原料，其产量占全球芳烃产量的 70%以上；重整氢气是廉价氢源，其产量占炼化企业氢气需求量的 50%以上。催化重整技术的进步关系到石油炼制与石油化工行业技术的战略安全与竞争力，因此极受重视。

催化重整工艺技术的发展经历了固定床临氢重整、流化床临氢重整、移动床催化重整、固定床半再生催化重整(下文简称“半再生催化重整”)、循环再生催化重整和移动床连续再生催化重整(下文简称“连续重整”)等多种工艺。自 20 世纪 50 年代，我国开始致力于催化重整技术的研发。

我国在这个领域的研究比国外起步稍晚一些，由于与国际交流较少，基本属于自主研发。固定床的半再生重整本身工艺不是太复杂，核心内容是催化剂的研发。1958 年，我国成功研制开发了第一种铂重整催化剂，经过在石油三厂建设的 2 万吨/年工业试验装置上试运成功后，于 1965 年成功应用于我国自行设计和建设的第一套 10 万吨/年大庆炼油厂铂重整装置中。在此基础上，我国又自主建设了多套催化重整装置。由于受原料限制，规模都比较小，一般的年产量均为 10 万~15 万吨。到 20 世纪 70 年代，无论从催化剂性能或工艺技术上，我国半再生催化重整技术都大体上赶上了国际水平。

1971 年，美国 UOP 公司在美国海岸炼油厂成功投产了世界上第一套催化剂连续再生的连续重整装置。1973 年，法国 IFP 在意大利的 San Quirico 炼油厂投产了采用自己专利技术的连续重整装置。由于连续重整装置的突出优点，该技术迅速得到了推广应用。新建的大型催化重整装置几乎都采用连续重整技术，这两家公司垄断了连续重整的技术专利。

1985 年，规模为 40 万吨/年、采用 UOP 专利的连续重整装置在上海的金山石化投产。1990 年，规模为 40 万吨/年、采用 IFP 专利的连续重整装置在石油三厂投产。到 2003 年，我国已连续引进了 18 套连续重整装置，其中 13 套采用 UOP 公司专利技术，5 套采用 IFP 专利技术。这种长期依赖引进、离不开国外专利技术控制的局面使北京设计院从事催化重整工作的同志一直心有不甘，亟思开发有自主知识产权的连续重整技术。

1997 年，北京设计院从事催化重整设计的袁忠勋提出了开发逆流连续重整技术的建议。UOP 公司和 IFP(Axens)的连续重整技术反应部分反应物料与催化剂的流动方向都是一致的，而逆流重整则是将二者的流动逆向而行，这样就可使难以进行的重整反应在活性较高的催化剂上反应，易于进行的重整反应在活性较低的催化剂上反应。从理论上讲，逆流重整对反应更为合理。

逆流重整的创意在北京设计院内得到了大家一致的赞赏，但在中国石化总公司进行讨论时，有人提出了不同意见，认为“逆流重整没有突破性进展”。对此，徐承恩提出了自己的看法：“对什么是突破性进展，可能各人理解不同，IFP 连续重整与 UOP 的连续重整相比，在反应和再生部分的工艺，两者大同小异，没有根本性的差别，主要的差别在反应器的布置，IFP 是平列式的，UOP 是重叠式的，而这两种技术都取得了自己的专利。逆流重整在反应物料与催化剂的流动方向上做了革新，从理论上讲使重整反应进行得更为合理，如果试验成功，肯定可以形成我们有自主知识产权的专利。使我们今后不再依赖国外技术，我认为这就是重大突破性进展”。徐承恩的发言，明确表示他对这一新技术研发的支持。后来他又向时任中国石化总公司科技开发部主任的乔映宾阐述了自己的观点，并建议科技开发部要安排石油化工科学研究院进行逆流重整的四管反应试验。乔主任同意了他的观点，并安排石油化工科学研究院进行逆流催化重整的四管试验，取得了逆流催化重整的小试数据。

经过中国石化总公司的多次研讨，中国石化工程建设有限公司原总经理刘家明多方争取和协调，逆流催化重整终于被列为中国石化总公司的攻关项目，批准在济南新建催化重整装置上进行工业化试验。

2013 年 10 月，世界上首套采用逆流连续重整技术的催化重整装置——中国石化济南分公司 60 万吨/年逆流连续重整装置一次投产成功。装置运行十分平稳，运行情况良好，根据标定结果，各项技术指标都超过了设计指标，操作调整也较同类装置简单方便。该装置的成功投产标志着世界上又诞生了一种新的连续重整工艺技术，使中国石化成为世界上继美国 UOP 和法国 Axens 之后对于连续重整建设拥有完全自主知识产权和独立商业运作权的又一新的连续重整技术公司，使我国的催化重整工艺技术水平跨入国际先进行列。

第五节　编写《催化重整工艺与工程》

催化重整装置是炼油厂中生产高辛烷值汽油和化工用芳烃的重要装置，其副产的大量氢气也是炼油厂的重要氢源。随着环境保护要求的日益严格、油品质量升级的步伐不断加快和化纤工业的快速发展，催化重整装置在炼油厂中的地位和作用越来越重要。因此，从20世纪80年代开始，我国催化重整装置的建设也得到了飞快发展，到20世纪90年代末，我国已建有催化重整装置51套，其中半再生装置39套，连续再生装置12套。在这种形势下，系统总结和提升我国科技人员在催化重整技术上所积累的科研、设计和操作上的成果及经验，跟踪和介绍国外催化重整的新发展，培养一支催化重整领域专业技术队伍的任务就提上了日程。鉴于此，中国石化出版社于1995年向徐承恩提出希望他能担任《催化重整工艺与工程》这一专著的主编，徐承恩也觉得这一工作很有意义，培养年轻人也是自己义不容辞的义务，就愉快地接受了任务。

徐承恩根据自己参与编书工作的经验，觉得要编好一本专著，前期必须做好3件事。

一是先选好主要撰稿人。撰稿人一定要有扎实的理论基础，丰富的实践经验和良好的写作能力，这是保证全书质量的先决条件。为此，他请石油化工科学院达志坚副院长和中国石化工程建设有限公司长期从事催化重整设计的罗家弼教授级高工担任副主编，书中与科研工作密切相关的章节，如原料的处理、催化重整化学、催化重整催化剂、催化剂的失活与再生、反应系统的环境控制、催化重整工艺中的分析技术等，都邀请石油化工科学研究院中有丰富相关经验的同志撰写。与工程密切相关的章节，如催化重整工艺流程、操作参数、主要设备、自动控制、安全健康与环境保护等，则邀请中国石化工程建设有限公司的有关同志撰写。另外，他还特别邀请清华大学化工系王金福教授撰写催化重整径向反应器的物料流动及数学模型和连续重整催化剂循环系统等两章。实践证明，这样做是完全正确和必要的，有力地保证了全书的质量。

二是要有一个完整和详细的编写提纲。编写提纲是统一撰稿人思想、确定全书内容和明确分工的重要基础。因此，在工作开展初期，徐承恩两次召开了全体撰稿人员参加的会议，对编写提纲进行详细讨论，得出了大家一致同意的编写提纲，为工作的开展创造了条件。

三是要使参与同志有强烈的责任感和荣誉感。徐承恩在会上多次强调，本书既要介绍国内成就，也要介绍国外先进技术。所以对每个参与者来说，既要对以往工作进行系统总结，还要大量参阅国外文献资料。这一工作对培养后人和提高自己都是有意义的。人的一生应该"立德、立功、立言"，做好这一工作也是"立功、立言"的一种体现。

由于参加撰稿的同志都是一线的重要技术骨干，加上当时又值石化工业大发展时期，工作任务都很繁重，《催化重整工艺与工程》编写工作的进度有些缓慢，为了保证质量，全书用了近十年的时间编写，直到2006年才正式出版。

"十年磨一剑"，《催化重整工艺与工程》是国内外唯一一本全面论述催化重整工艺与工程的专著，科学严谨完整地反映了催化重整工程和工艺设计。内容新颖，充分反映了相关方面的最新成就，实用性强，包括大量实验和工业数据、先进的计算方法、研究开发方法和重要的参考文献。

徐承恩对全书的质量十分重视，这和他一贯的科学严谨作风分不开。他严格把关，不仅要求全书的每一章节都有专门审核人，而且还3次召开专门的会议，以进行集体审查。最后，他还亲自对全书仔细通读和审阅，不单重视技术问题，也注意文字的通顺和逻辑性。

在《催化重整工程与工艺》一书中，徐承恩承担部分编写任务，例如，他在撰写的“第 20 章　安全健康和环境保护”中指出：“催化重整是在临氢、高温和有压力条件下操作的。所加工的原料和生产的产品，都具有易燃、易爆的特点，有些产品如苯、二甲苯还对人体有较大的毒性。由于这些因素的存在，一旦如因设计不周、施工质量不好、操作不当、维护检修不及时而出现事故，其后果将是十分严重的。”在“安全健康”的 7 个危险因素中，他对“毒害危险”和“腐蚀危险”做了重点的分析，特别对于毒害危险提出了防护措施，如“设置气体浓度监测报警仪表”和“配备个人防护用具”等。另一个主要内容是“环境保护”，这对于化学工业组织生产尤其重要。催化重整工艺过程要产生 4 种污染，即污水、废气、废渣和噪声。对于这些污染，都要有针对性较强的防护措施，以符合国家的标准或一些地方政府制定的标准。

对此节的撰写反映出徐承恩对于劳动保护的重视。从他在大学实习时就产生的朴素认识——不以牺牲工人的生命去谋求工厂的利益——在本书中已成为一种系统的观念。此外，对于环境保护的重视也应该是石油化工企业应该负起的社会责任。

徐承恩在第一版的“前言”中指出，催化重整装置有 3 个作用，即“生产优质清洁汽油组分、生产重要的石油化工原料——轻质芳烃和提供廉价氢气”。由于我国科学家从 20 世纪 50 年代就开始进行催化重整的研究工作并取得了众多的成果，该书对于全面总结我国催化重整的成果和经验并系统介绍国外有关的新发展以裨益于我国石油、石化工业的科技工作者和促进我国催化重整的发展十分必要。该书体现了工艺与工程相结合、技术与经济相结合、国内与国外相结合、理论与实践相结合，因而入选国家新闻总署的首届“三个一百”工程，“十一五”国家重点图书出版项目，获得中国石化集团公司科技进步奖一等奖。而今，这本书已经作为国内催化重整的一本手册、工具书，深受欢迎，重印过3次，这在科技专著中也是少见的。

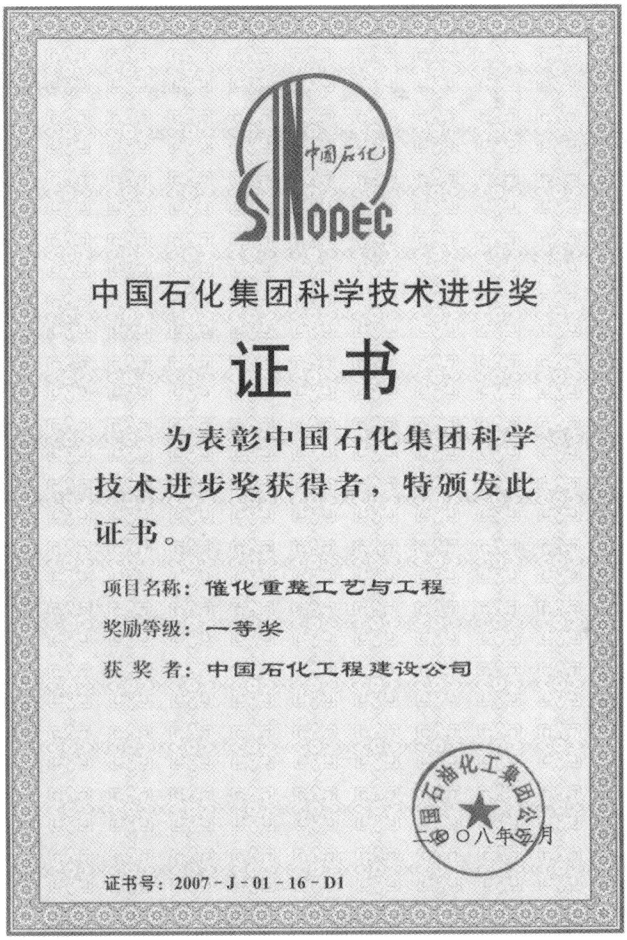

中国石化

SINOPEC

中国石化集团科学技术进步奖

证书

为表彰中国石化集团科学技术进步奖获得者，特颁发此证书。

项目名称：催化重整工艺与工程

奖励等级：一等奖

获 奖 者：中国石化工程建设公司

国石油化工集团公

二〇〇八年五月

证书号：2007-J-01-16-D1

《催化重整工艺与工程》一书获得中国石化集团科学技术进步奖

为了跟上世界催化重整的发展、帮助从事催化重整工作的技术人员及时了解催化重整的新进展，徐承恩又组织了该书的修订，并于2014年出版了《催化重整工艺与工程》第二版。新版增加了催化重整建设最新的发展情况，使读者能与时俱进地了解国内外催化重整建设的新进展。《催化重整工艺与工程》第二版获得了“2016 年中国石油和化学工业优秀出版物奖 · 图书奖一等奖”。

荣誉证书

《催化重整工艺与工程（第二版）》获得 2016 年中国石油和化学工业优秀出版物奖 · 图书奖一等奖。

特颁此证，以资鼓励。

著作责任者：徐承恩、罗家弼、马爱增

责任编辑：张国艳

中国石油和化学工业联合会

二〇一七年一月

《催化重整工艺与工程(第二版)》获得“2016 年中国石油和化学工业优秀出版物奖 · 图书奖一等奖”

截至 2022 年底，中国已建成连续重整装置 120 套，加工能力超过 1.5 亿吨/年。

第七章

提出炼油厂设计新理念

1984年8月，徐承恩担任北京设计院院长。当时中国石化总公司刚成立不久，“如何用好一亿吨原油”，如何多上缴税收，为国家经济和财政多作贡献，是中国石化总公司当务之急。1985年国务院批准中国石化总公司提出的“三二九”承包任务，即从1985年到1990年总投入300亿，总产出900亿，1990年当年利税200亿。为此，总公司旗下的许多生产企业，如燕山石化、齐鲁石化、广州石化、茂名石化、大连石化、荆门石化、高桥石化、金陵石化、锦西石化等都迫切需要改造和扩建。设计一时成为矛盾的焦点和重点，设计院的压力很大。1985年，中国石化总公司在济南召开厂长经理会，总公司董事长李人俊在发言中提到要完成承包任务，他最担心的是设计工作量大，怕设计院拖后腿。徐承恩听到后就坐不住了，代表设计院上台发言表态。徐承恩在会上表示，设计院一定精心组织力量，千方百计保质保量地完成总公司下达的设计任务，决不拖总公司的后腿，请总公司领导放心。在徐承恩的领导下，北京设计院在艰苦的环境下，发动全院的力量，经过几年的努力，完成了总公司炼油企业改造扩建增效的任务。

徐承恩富有远见卓识，善于联系实际，敢于从宏观着眼，推陈出新。早在1988年，他作为设计院院长就预见性地提出：北京设计院要从国内设计向国际型转变，要从单一的炼油设计向石油化工型转变，要从单纯的设计向工程总承包公司转变。这一观点得到了全院同志的认同，经过全院同志的努力，北京设计院实现了转型发展。

第一节　炼油厂设计模式的重大改革

从20世纪50年代到70年代，我国的炼油厂设计一直没有摆脱苏联设计模式的影响，投资多、占地多、人员多的弊病严重制约着我国炼油工业的发展。改革开放以后，引进装置多了，设计人员出国考察学习的机会多了，大大拓宽了设计人员的视野，启发了设计人员对设计革新的思路，使设计模式的改革开始萌芽。

1985年，中国石化总公司授权北京设计院与美国鲁姆斯(Lummus)公司合资组建华鲁工程有限公司(以下简称华鲁公司)，由徐承恩任华鲁公司董事长。公司成立后，完全按照国外工程项目管理办法和国外标准进行设计，齐鲁石化公司建成了采用美国Chevron公司专利的56万吨/年加氢裂化(SSOT)装置和84万吨/年减压渣油加氢处理(VRDS)装置，抚顺石化公司建成了采用加拿大杜邦公司技术的8万吨/年线型低密度聚乙烯(LLDPF)装置。在完成上述项目时鲁姆斯公司先后派出20多位专家与北京设计院技术人员一起工作，北京设计院派出30多名技术及管理人员去鲁姆斯公司进行培训，同时先后有100多名技术骨干参与了合作设计。此外，鲁姆斯公司还提供了一些项目管理方法和相关的标准规范。通过这种合作，提高了北京设计院的工程设计水平，使设计人员熟悉了国外设计的程序和管理方法，为进行炼油厂设计模式的改革打下了基础。

20世纪80年代中期，中国石化总公司正集中精力，全力以赴地为完成“三二九”承包任务而努力。基建工作主要是老厂的扩建改造和“填平补齐”的工作，没有新建炼油厂项目。而炼油厂设计模式的改革，只能在新建炼油厂中实现，因此直到80年代末福建炼油厂被批准建设时，设计模式改革才得以实施。

福建炼油厂是福建省政府和中国石化总公司合资建设的大型燃料油型炼油厂，设计规模为加工胜利原油250万吨/年。主体工程包括12套炼油装置和相应的油品储运系统、公用工程系统和辅助生产系统。北京设计院负责厂内工程设计，交通部水运规划设计院负责油品装卸码头设计，福建省石油化工设计院负责厂外工程的设计。北京设计院任命王玉翠为福建炼油厂的工厂设计师。徐承恩认为这一机遇十分难得，立即提出：一定要抓住机遇，在福建炼油厂实施炼油厂设计的重大突破，使中国炼油厂设计水平实现新的跨越。

在设计模式改革中，首先遇到的关键问题是炼油厂总平面布置的改革，经过讨论分析，大家认识到过去炼油厂建设中存在的“三多”(占地多、人员多、投资多)在很大程度上是由于炼油厂总平面布置不合理造成的，因此在新厂设计的总平面布置中，按照有利生产、方便管理、保证安全、便于检修和符合国家规范的大原则，装置按功能分区、密集布置，并取消大管廊、大马路。与旧模式相比，这种总平面布置使福建炼油厂占地节省了 30%、系统管线长度减少了 20%、总投资节约了 6%，装置与系统工程的投资比例由旧模式的 40∶60 变为 60∶40。

福建炼油厂设计模式改革的另一个亮点是全厂装置采用高度集中控制。过去的炼油厂设计，每个工艺装置都单独设置控制室。在福建炼油厂的设计中，装置区 8 套工艺装置采用一套分散控制系统进行实时控制和集中管理，这就大大减少了操作和维修人员，人员可以比老炼油厂减少一半以上。另外还在控制系统中配置了优化用工具软件包、回路自整定软件包、前景预估控制软件包、实时质量控制软件包、过程模型和优化软件包，为系统开发和移植优化用软件、实现工艺过程优化控制提供了良好条件，可以说福建炼油厂的自动控制体现了当代炼油厂的先进水平。

在设计方法上，也从石化建设的大局出发，打破常规，大力改革沿用了几十年之久的先地上后地下的出图程序，采用先地下后地上的出图设计程序，解决了设计与施工经常由此引起的矛盾，加快了施工进度。由于这一改革加大了设计修改的风险程度，实际上是自加压力引起了部分设计人员的抵触情绪。在围绕这个问题组织的讨论会上，徐承恩语重心长地对大家说：“不打破惯例，设计水平就永远上不去！”“设计不能光想到自己工作量的大小，要考虑整个基本建设的进度。”在做通设计人员的思想工作后，徐承恩斩钉截铁地说：“这个问题就这么定了，没有后退的余地！”由于提前出了地下工程图纸，全厂的土方工程提前了三个季度完成，整个炼油厂的地下排水管网提前在当年雨季前完工，大大加快了炼油厂的建设进度，使炼油厂从开工建设到投产只用了两年零四个月的时间。项目总负责人王玉翠后来回忆道："福建炼油厂的设计开了我院工厂设计模式改革之先河。这里每项新概念的引入都是在徐院士大力倡导和支持下完成的。他曾反复给我讲，不要因循守旧，要学习国外先进东西。在实际工作中，他既放手让我大胆去干，又给予我实际帮助和指导。"

福建炼油厂总体设计新颖、布局合理，是我国第一座进行全厂设计模式改革的现代化炼油厂，是一座总体设计合理、工艺技术先进、自控水平高的新型炼油厂，炼油年处理量为250万吨。福建炼油厂的设计是对旧设计模式的一次有力挑战，也是改革旧设计模式，实行新厂新体制、新机制的一次成功探索。

1992年9月30日，湄洲湾南岸、盛产地瓜的侨乡飞出了一只"金凤凰"，一座中国自行设计和建设的新型炼油厂——福建炼油厂（现为福建炼油化工有限公司）拔地而起！前5套生产装置建成投产，开车一次成功，产出合格产品。从此，终结了福建省"不生产一滴油的历史"。

北京设计院副总工程师、福建炼油厂设计项目总负责人王玉翠于1992年12月9日在《中国石化报》第二版发表《改革炼油厂设计模式的一些尝试》的文章，引起业内人士的广泛关注。时任中国石化总公司总经理盛华仁读了该文章后，在报纸上作出批示：

国勋、英烈同志：读了王玉翠同志文章，觉得很好。新厂新体制、新机制，这是改革的需要，而这又必须从改革工厂设计模式搞起，福（建）炼（油厂）走出了重要一步。尽管还有不完善之处，但已有了初步经验。这件事要认真抓下去。可否将此篇文章发各设计单位参阅，动员全体设计人员把设计改革搞好。

盛华仁　14/12

“八五”期间，福建炼油厂设计模式改革迈出了重要的第一步，开辟了重大石化工程建设按照建立现代企业制度的要求，改革工厂设计模式，实行新厂新体制、新机制的新天地。

1994 年，福建炼油厂工程设计项目获得了“全国最佳工程设计特等奖”，成为石化行业唯一获得此奖的项目。徐承恩无论是在担任院长期间还是以后担任院技术委员会主任期间，对福建炼油厂的可行性研究、初步设计、施工图设计等阶段工作都起到了重大的决策作用。

福建炼油厂夜景

第二节　设计千万吨级炼油厂

自新中国成立以来，我国的炼油工业有了很大的发展，但炼油厂规模和炼油装置处理能力较小，远远落后于发达国家，成为国家石油化工持续快速发展的“瓶颈”。进入 21 世纪，中国石油化工厂的现代化建设瞄准了世界发达国家的大型化规模。

对我国炼油厂的大型化，徐承恩在 20 世纪 90 年代就进行了深入思考。他立足我国炼油工业的实际，以“放眼现代化、放眼世界、放眼未来”的精神，深入思考了我国大型炼油厂建设的必要性与可行性。

20世纪90年代，徐承恩即通过查阅大量文献资料，跟踪国际先进炼油厂的建设发展情况，关注炼油厂大型化问题。徐承恩发现，从20世纪60年代起，发达国家就已经开始逐渐进行炼油厂大型化建设，以美国为例，从1965年到1995年的30年间，美国的炼油厂加工能力上升了40%，而炼油厂数目则减少了近30%。徐承恩认为炼油厂大型化是世界性趋势，尤其在经济上具有明显的优越性。据估算，一个1200万吨/年炼油厂与两个600万吨/年炼油厂相比，可以节约投资18%左右，同时可将劳动生产率提高25%~27%，生产费用可降低12%~15%。此外，随着石油化工装置规模的大型化，炼油与石油化工的联合优势得以体现，炼厂气和芳烃等后续综合利用装置可以达到经济规模，有利于促进综合利用的发展。

对于炼油厂大型化的规模问题，徐承恩也进行了深入的调研和细致审慎的分析。徐承恩认为，采用国内现有技术和自己的力量，设计、建设、操作2500万吨/年的炼油厂是可行的；但炼油厂大型化也有负面效应，如超大、超重设备的现场制作和消除应力会增加费用；装置在低负荷下操作弹性较差；装置停工开工检修时间较长；大型炼油厂市场辐射远，运销费用上升等。因此，大型炼油厂并非越大越好，炼油厂规模必须根据炼油厂类型(燃料型、燃料-化工型、化工型等)、厂址条件、资源条件和市场容量等情况谨慎决定。在新建大型炼油厂时，厂址的地理位置和建厂条件对基建费用和生产费用都影响较大。根据我国实际情况，一般应建在港口附近或离港口不远、运输条件很好，以及市场容量较大的沿海地区。徐承恩经过统计世界各国炼油厂情况，结合我国实际得出结论，在炼油厂布局大致定型的情况下，大型炼油厂的规模一般不宜超过2000万吨/年，选择1000万~2000万吨/年的规模较为合适。在大型炼油厂中，装置必须相应大型化，用多套小装置拼成大型炼油厂是不可取的。

同时，徐承恩指出，在大型炼油厂建设时，还应该注意如下问题：

1）大型炼油厂应是“清洁”炼油厂，即生产“清洁”产品，采用“清洁”工艺，配套完善的环境保护措施。

2）大型炼油厂应是“智能化”炼油厂，要充分发挥计算机在炼油厂生产操作和生产管理上的作用。

3）对大型炼油厂的轻烃和气体的合理利用要有周密的考虑。对于气体量多的大型炼油厂，为了更好地进行炼油厂气体综合利用，采用两套气体分馏装置更为合适，一套处理来自原油蒸馏、催化重整、加氢裂化等装置的饱和烃气体，另一套处理来自催化裂化、热加工装置的含不饱和烃的气体，使气体组分的利用各得其所。

4）重视渣油加工工艺。渣油的加工处理是每个炼油厂遇到的难题，对大型炼油厂而言问题更为突出。在加工工艺方面，质量较好的渣油宜首选渣油催化裂化，这项技术是当时世界发展最快的渣油加工工艺。质量较差的渣油应采用渣油加氢处理工艺，质量很差的渣油才采用焦化或脱沥青工艺。

5）大型炼油厂开停工一次的损耗很大，因此大型炼油厂的设计必须考虑好保证长周期运转的各种措施，如防腐、防垢、防止结焦、提高密封防漏水平、重视设备管道隔热和耐磨衬里技术、加强安全监测等。

6）要注意大型炼油厂中设备大型化后引起的结构和化学工程问题，如大型分馏塔板的支承结构、大型塔板上气液两相均匀接触问题等。

在实际设计中，徐承恩认真审查大型化装置的设计方案。高桥石化 800 万吨/年润滑油型常减压装置是当时我国最大的一套，于 2001 年开始设计，徐承恩作为院技术委员会主任认真把好设计方案的每一个环节。徐承恩坚定指出：“装置再大再难，也要立足国产化，赶超国际先进水平，但设计工作必须脚踏实地，一步一个脚印。”为了保证这套 800 万吨/年润滑油型大型常减压装置顺利建成投产，他要求项目组无论设计任务多么忙，也要对关键部件——减压塔液体分配器在制造厂做1∶1冷模实验。项目组共提出了4套实验方案。对此，徐承恩组织了多次评审，使方案达到科学、优化、先进、可靠的要求，但徐承恩并不认为可以就此罢休，为保万无一失，他要求项目组不能松懈，在去现场开工之前必须针对可能出现的问题提出应对方案。在徐承恩的精心组织及指导下，经过项目组的不懈努力，我国自行设计的最大润滑油型常减压装置于2002年9月15日在上海建成投产，一次开车成功，产品质量优良。

徐承恩不断思考我国整个炼油工业的发展，从宏观着眼，用发展的眼光看待问题，指出我国建设大型化炼油厂的必然性、可行性；同时脚踏实地，不好高骛远，针对我国具体国情和炼油工业的实际情况指出，我国炼油厂建设规模并非越大越好，大型化也应有度。在探讨炼油厂大型化问题的同时，徐承恩还考虑到相应的具体生产工艺、衍生产品，为当时炼油工艺中存在的困惑和难点也指明了方向和突破口。

作为炼油工程设计大师，徐承恩特别重视工程技术研究。在中国石化集团公司科学技术委员会会议上，徐承恩多次强调要重视工程技术研究，不要光搞催化剂的研究，也要搞化学工程的研究，对工程放大技术的研究也要给予充分的重视，呼吁中国石化要把工程技术研究列到重要的议事日程上。实践证明徐承恩观点是非常有远见的。一些工程在开工过程中，磕磕绊绊遇到一些问题，往往不是因为反应机理没搞清楚或催化剂做得不好，而是工程设计中存在着一些实际问题。在工程放大过程中，如果对工程技术的研究不深不透，在工程上去后就会出现这样或那样的问题。例如烟气脱硫、烟气脱硝等，从反应原理上来讲早就是很成熟的工艺了，但是现在有些装置开得不成功，上去以后开开停停，就是因为对工程问题缺少深入的研究。所以，徐承恩多次强调要特别重视工程开发技术研究。徐承恩的这些建议逐步地被大家接受，被大家认可，也得到了大家的重视。可见，徐承恩在推动中国炼油化工工程技术的研究方面是积极的倡导者。

炼油厂大型化思想是徐承恩在炼油工艺方面实事求是、追求创新的又一体现。

第三节　当选工程院院士

1986 年，罗沛霖创议并起草了《关于加强对第一线工程技术界的重视的意见》，联合茅以升、钱三强、徐驰、侯祥麟等 80 余人，向全国政协提出了议案，明确提出组建中国工程院的建议。

1992 年春，侯祥麟、张光斗、王大珩、张维、罗沛霖、师昌绪 6 位科学家再次把成立中国工程院的建议呈报党中央和国务院，在中共中央书记处书记温家宝、国务委员宋健、国务委员兼秘书长罗干都作了批示后，组建中国工程院一事便正式交由中国科学院负责。周光召院长接受了这一任务，经过一段时间的酝酿之后，成立了以王大珩、张光斗为组长，由 6 位倡议人及中国科学院学部正副主任组成的“中国工程院研究小组”。经过与研究小组成员交换意见，周光召院长于 1992 年 7 月 18 日向中央及国务院领导提出了组建“中国工程与技术科学院”的五条原则性意见。8 月 31 日，周光召接到中央领导同意的批示后，中国工程院的筹备工作由中国科学院(学部)牵头正式启动。

首批中国工程院院士候选人由中央各有关部门负责推荐，院士评审组由 30 位中国科学院院士及部分中央有关部门的领导组成。根据 1994 年 3 月评审小组投票的结果，遴选出第一批 96 名中国工程院院士。1994 年 6 月 3 日，中国工程院召开首届院士大会，宣布中国工程院正式成立。

徐承恩因其在炼油和石油化工工程设计理论与实践方面的卓越

贡献被遴选为中国工程院首批院士。中国石化总公司在向中国工程院推荐徐承恩为工程院院士的提名书中写道：

徐承恩同志具有坚实的工程技术理论和工程设计专业知识，很强的分析判断和组织领导工程设计建设的能力。在四十多年的实践中，积累了丰富的工程设计、建设的经验，取得了很多成果，在石油工业部和中国石化总公司先后成立的十个技术攻关组中，徐承恩同志担任了汽油改质专业组长和大庆常压渣油催化裂化攻关副组长，具体组织领导了一批重大项目的技术攻关，取得了重大突破性成果，上海炼油厂常减压装置节能技术改造，由于统一规划全装置热能利用，提高加热炉效率，调整塔的取热比例，计算机优化换热流程，采用新型塔盘等措施，效果十分显著，年经济效益可达500万元，这项成果获国家科技进步奖一等奖；大庆常压渣油催化裂化技术是国家科委“六五”期间重大科技攻关项目，该项目技术效果十分显著，两年增创利税1.1亿元，获国家科技进步奖一等奖。

该同志七八十年代在把新成果推向工业化和科技管理方面也作出了突出贡献。86年获总公司级科技进步三等奖第一完成者，90年被评为总公司突出贡献科技和管理专家。

总之，徐承恩同志为我国炼油工程设计、建设作出了突出贡献。在我国炼油工程设计行业有较高知名度，89年被建设部评为全国百名设计大师之一，91年享受100元档政府特殊津贴。经研究提名徐承恩同志为中国工程院院士候选人。

一九九四年二月八日

中国工程院首批院士名单在各大报纸发表时，徐承恩正在杭州开会，其他同志见报后向徐承恩道喜时，徐承恩才知道自己当选为院士了。1994年6月13日，北京设计院召开全院职工大会，祝贺徐承恩当选为中国工程院首批院士。徐承恩在会上说：“设计是集体的创作，成果与荣誉应归功于大家，我只是作为北京设计院的代表当选为院士罢了。”对名利的淡泊是徐承恩一贯的态度。

1996—1998 年，徐承恩任中国工程院化工、冶金与材料工程学部副主任；1998—2000 年，任中国工程院主席团成员。

1995 年，中国工程院化工、冶金与材料工程学部合影，后排右三为徐承恩

中国工程院院士是国家设立的工程技术方面的最高学术称号，为终身荣誉。

The Member of the Chinese Academy of Engineering is the nation's highest academic title for life honour in the field of engineering and technological sciences

No. 0055

院士证书

徐承恩

一九九四年当选为中国工程院院士

Xu Cheng'en was duly elected a member of the CAE in 1994

中国工程院

Chinese Academy of Engineering

徐承恩 1994 年当选中国工程院院士证书

第八章

心系国计民生

对工作认真负责、在工作中虚心好学是徐院士一贯的作风，无论是对本职工作还是社会工作都是如此，从本章所述各节就可以窥见一斑。

第一节　参与石油化工、化纤引进装置论证

作为我国炼油和化工领域的知名专家，徐承恩曾多次参加地方和企业关于发展石化产业的咨询和论证，其中有两次国家层面的咨询论证工作。第一次是由国家计委和国家科委牵头的“石油化工、化纤引进装置”的论证；第二次是由中国工程院牵头，侯祥麟院士任课题组长的“中国可持续发展油气资源战略”研究。

1981 年 4 月，“石油化工、化纤引进装置论证专家小组”成立，根据国务院领导同志的指示，该小组由国家计委、国家科委具体组织和领导。它的主要任务是对 1978 年引进的四套 30 万吨/年乙烯装置(大庆、山东各一套，南京两套)、一套 45 万吨/年 PX(对二甲苯)装置(南京)和一套 45 万吨/年的 PTA(对苯二甲酸)装置(仪征)为主的 25 套引进装置的建设方案进行审议，组织技术论证。由于当时客观条件的限制和其他种种历史原因，这批引进项目存在不少问题，特别是由于没有打破部门和行业间的界限，综合利用较差，经济效益不高。按照原来的规划，这批项目共需原油 700 万吨、煤炭 500 万吨、投资(包括引进装置和国内配套的建设费用)共约 150 亿元人民币，要求 1984 年建成。这从原料石油、能源、建设资金、配套、后处理、加工应用、生产管理、人员培训等方面都是不可能实现的。1980 年底，国务院决定停建、缓建。但是，这批引进项目的产品涉及轻工、纺织、化工等各部门，有些产品又都是国内紧缺和需要的，国家每年还要花大量外汇进口。因此，如果能调整原建设方案、布局、进度，在利用外资的条件下，量力而行，分期分批上

马，对发展我国轻纺工业、增加日用消费品生产、满足国内市场需要等都有很大作用。因此，在国内经济形势稍有好转后，国务院决定对原建设方案进行审议和技术论证，逐步恢复这些引进项目的建设。

论证小组由国家计委副主任林华任组长，国家科委副主任杨浚任副组长，石油工业部原副部长张定一和经济专家薛宝鼎任顾问。小组成员有纺织设计院的孙宗海、王树林，燕山石化公司前进化工厂陈滨，石油工业部北京炼油设计院的徐承恩、童以豪、罗家弼、郭志雄以及国家科委、计委的一些工作人员。

在对四套乙烯项目的基本情况进行深入了解和研讨后，论证小组认为在引进当时，由于各种历史原因，严重受到部门之间分割、各谋其政的管理体制的制约，在建设方案上存在一些不足，主要体现在以下几个方面：

1）几个项目的建设，除大庆项目外，都需要新建“油头”为其提供原料，完全没有考虑与邻近炼油企业的协作，这样就使得原油资源不能充分利用，也使基建投资大大增加。

2）乙烯裂解的原料宜用轻质油品，但由于新建“油头”中的规模与化工部分不相匹配，以致南京和山东项目的乙烯原料不得不使用减压蜡油和柴油等重质油品，因此引起的后果将是裂解炉开工周期短和乙烯收率低，为项目建成后的竞争力留下隐患。

3）南京项目 PX 装置的原料主要由新建“油头”中的加氢裂化装置提供，由于加氢裂化装置的规模小，为了满足 PX 装置的原料量，不得不采用全循环方式操作，致使装置的气体产量增加，能耗高，既不利于石油资源的充分利用，也增加了 PX 的生产成本。

4）在南京地区同时建两套 30 万吨/年乙烯装置和 45 万吨/年 PX 装置及一套 45 万吨/年的 PTA 装置，工程量很大，会使建设周期长，筹资困难。

5）有些项目的产品配套不合适，例如大庆项目中规划建设 20

万吨/年乙醇装置，但乙醇在国内不是短线产品，不如改建为国内需求量大的塑料产品。

此后论证小组大约用了六个月时间，在国家计委和国家科委的领导下及有关部门的支持和协作下，去大庆、山东、南京、安庆等地进行调查研究，听取有关地方和企业的意见，与石油、化工、纺织、轻工等部门的同志进行了多次座谈和交换意见，并召开了两次大型的论证会，参加的有科研、设计、生产企业和管理部门等方面的专家100多人。在这些工作的基础上，论证小组提出了下列论证意见：

1）大庆乙烯项目采用的原料是用“大罐抽气”“原油稳定”等方法从原油中得到的轻烃，根据小组对大庆油田的考察，基本可行。万一将来原油性质有变化，以致轻烃数量不足，也可用大庆炼油厂的轻石脑油作为补充。因此，乙烯原料在几个项目中是最先落实和优化的，建议国家首先恢复大庆项目的建设。但大庆乙烯项目的产品方案建议做一些调整，即将乙醇和聚酯调整为低压聚乙烯和丙烯腈、腈纶。

这一意见后来很快得到国家计委和国务院的批准，大庆乙烯项目很快恢复建设。

2）关于南京项目，论证小组建议将PTA装置迁至仪征化纤厂建设，PX装置迁至南京炼油厂建设，在南化公司只建一套乙烯裂解装置和相关的配套装置，而将另一套乙烯裂解装置迁至别处建设，建设地点和产品方案需另行论证。这些建议如能得到实施，可以提高资源利用率，节省基建投资，缩短建设周期，提高经济效益。经初步测算，可节约建设费用8000万元，建成后增加经济效益2.7亿元。这些建议在金山召开的大型论证会上得到了绝大多数与会专家的赞同。但化工部与南化公司的代表仍坚持原方案，在向国务院汇报后，为了照顾既成事实，国务院决定PX、PTA装置仍在南化公司(后来，这两套装置由南化公司分出，成立了扬子石化公司），而将一套乙烯裂解装置及其配套装置移至上海石化公司建设。

3）对山东乙烯项目，论证小组建议不建新“油头”，而在胜利炼油厂增建一套加氢裂化装置，由胜利炼油厂提供优质裂解原料。此外，在恢复建设前必须采取措施，切实保证水源的可靠性。后来乙烯项目也被国家批准恢复建设。

论证小组的工作历时 8 个月，于 1982 年 2 月结束。虽然提出的建议受当时条件的限制未能全部被采纳，但是后来石化工业建设的情况可以说明当时提出的油化结合的发展思路是正确的。

第二节　参与中国可持续发展油气资源战略研究

石油是一种特殊的战略物资，一个国家的政治、经济、军事都与其密切相关。现阶段任何国家无论平时或战时都不能没有石油。改革开放以来，我国石油消费大体经历了两个阶段：1970—1990 年，石油消费处于平稳增长阶段，年均递增 2.0%。1991 年以来，随着国民经济的持续快速发展，石油消费进入快速增长阶段，2003 年为 2.67 亿吨，年均增长 1173 万吨，年均递增 6.7%。从 1993 年起，我国已从石油的净出口国变成了净进口国，而且进口总量逐年大幅度增长，石油的对外依赖程度不断提升，再加上国际形势复杂多变，油价不断上升，使我国的石油安全问题日益突出。面对这种严峻的形势，2003 年 5 月 26 日，温家宝总理在中南海主持会议，专题讨论油气资源可持续发展战略问题。国务院副总理黄菊、曾培炎，国务院副秘书长汪洋、尤权，中国工程院院长徐匡迪，发改委、财政部、国土资源部、商务部、国研室、国务院发展研究中心和中国石油、中国石化、中国海油、中化集团公司的负责人，部分院士及有关专家出席了会议。翟光明院士作了题为《中国石油天然气资源可持续发展研究》的汇报，徐匡迪和侯祥麟在会上作了补充发言。

会议确定由中国工程院牵头组织开展《中国可持续发展油气资源战略研究》，侯祥麟任总课题组组长，争取用一年的时间完成课题，而且要求 8 月之前拿出详细的研究纲要，为国务院有关部门制订规划提供参考依据。

5 月 28 日，工程院组织 31 位院士和相关单位的 120 位专家学者组成课题组，由侯祥麟担任组长，邱中建、翟光明和袁晴棠院士担任副组长，聘请徐匡迪、王淀佐和杜祥琬院士为顾问，同时聘请工程院、中国科学院院士和各大石油公司的专家、领导 23 人组成课题咨询委员会，为课题研究提供咨询意见。课题设综合组和 7 个专题组，7 个专题组是：

1）我国油气资源与供需战略专题组；

2）国内油气资源开发战略专题组；

3）海外油气资源开发与进口战略专题组；

4）节油与替代燃料研究专题组；

5）石化工业发展战略专题组；

6）石油安全与战略储备研究专题组；

7）油气法规与政策研究专题组。

每个专题组由一名工程院院士任组长。

6 月 5 日，课题组在中国石油办公楼召开会议。会议重点研究了项目的具体组织问题，讨论确定了 7 个专题组的组长：油气资源与供需战略部分由翟光明任组长，国内油气资源开发战略部分由邱中建任组长，石化工业发展战略部分由袁晴棠任组长，节油与替代燃料部分由汪燮卿任组长，海外油气资源开发与进口战略部分由胡见义任组长，石油安全与战略储备部分由徐承恩任组长，油气法规与政策部分由李京文任组长。

接受任务后，徐承恩经过考虑认为，石油战略储备在国际上一般是指一种依照法律建立并具有强制性的应急实物储备，所以只讲战略储备范围似乎太窄，因此，徐承恩向侯祥麟院士建议可否将课题名称中的“战略储备”改为“储备战略”，侯祥麟院士同意了徐承恩的建议。同时，徐承恩提出需要请有关单位的一些同志参加专题组，侯祥麟院士同意，具体工作叫徐承恩与翟光明院士联系，于是徐承恩找翟光明院士谈了自己的想法，并提出希望有中国石油经济技术研究院、中国石化经济技术研究院、中化公司搞国际贸易的同志参加专题组，翟光明院士立刻与各单位联系，各单位领导都非常重视，很快指派了参加专题组的人员，“石油安全与储备战略研究”专题组最后由下列人员组成：

中国石化工程建设公司	徐承恩、魏冬华
中国石油经济技术研究院	安丰全、朱　英
中国石化经济技术研究院	刘克雨、龚金双、单卫国、 刘倩茹、高寿柏、杨朝红
中化公司	赵　伏、程　永

由徐承恩任组长，刘克雨、赵伏任副组长。

课题组要求各专业组在三个月内提交详细的研究提纲，在一年内完成咨询报告并向国务院汇报咨询成果，时间短，要求高，工作量大，任务是很艰巨的。徐承恩以非常高涨的热忱、高度的责任心立刻投入了研究工作，从组织研究队伍到组织研究人员去调研国内外的材料无不尽心竭力。由于“石油安全与储备战略”专题特别需要关注国外石油消费国乃至国际能源署(IEA)、石油期货组织的石油安全策略、应急战略以及石油储备问题，徐承恩专门组织人员做了大量深入的调查研究。调查表明，石油消费国拥有一定数量的石油储备且石油生产国拥有一定的剩余石油产能对于防范和应对突发事件、保障石油安全十分重要。我国存在比较严重的石油安全隐患，

1990 年以来，我国石油消费年均递增 6.7%，而同期我国原油生产增长率仅为 1.6%，供需矛盾十分突出。国内石油生产强度高，在紧急状态下产量增加余地非常小。由于我国当时还没有建立包括石油储备在内的国家石油应急反应系统，一旦发生危及石油供应的战争或其他突发事件，出现石油供应中断或油价暴涨的危险局面，我国就难以应对，从而会遭受重大损失。徐承恩带领专题组成员讨论后，认为石油安全和储备战略研究的重点应放在储备战略上，但石油储备战略包括哪些内容还没有见到有系统的报道，需要小组成员自己探讨研究。经过多方搜集资料和多次讨论后，专题组成员对我国应如何搞石油储备，特别是应该选择什么模式，石油储备应该达到什么样的规模，石油储备基地应该如何布局，以及资金如何筹措、如何慎重利用石油期货避免油价风险等问题进行了深入探讨。在上述思路的基础上，专题组的同志达成了共识，提出了我国石油储备战略的思路和措施。

关于石油储备战略，专题组认为应包括三个方面：

1）按国家法律规定建立国家和企业的石油或石油产品实物储备库；

2）石油资源储备，包括油田储备、产能储备、技术储备三种模式；

3）发挥国际贸易中"期货"的作用，规避石油价格风险。

鉴于历次世界石油供应中断天数多在 3 个月以内，且我国从国际石油现货市场采购并运回国内的周期为 80~90 天，IEA 规定成员国的储备量也为上年度 90 天的净进口量，因此建议我国石油储备天数也以 90 天净进口量为宜。根据我国具体条件，可以采用两种方式建立石油资源储备：一种方式是储备储量，一旦发现大油田，有目的地加以封存，或者有节制地进行开发，作为国家储备油田；另一种方式是生产能力储备，以高产或中高产油田的部分生产能力作为国家的石油资源储备，通过积极动用“低品位”储量加以顶替。思路确定后，大家分工搜集有关资料并编写提纲，在课题组组织各方面专家和有关部门的领导审查提纲时，对于石油储备模式出现了不同的意见。提纲中的石油储备模式分为两部分：一部分是国家出钱来储备，另外一部分是商业储备，也就是由与石油生产或贸易有关的公司来储备。有的同志认为，石油公司储备对其效益有影响，要让石油公司储备一些油，就是积压了资金，石油公司是不愿意的。对于石油资源储备也一样，无论油田储备还是产能储备都会使企业利益受到很大损失，难以行得通。但多数同志认为，建立石油商业储备和石油资源储备是必要的，也是可行的，国家在实施这一战略时，肯定要出台相应的法律和政策，对企业的利益自然会有所考虑，企业不必为此担心。

最后课题组通过了专题组提交的编写提纲。经过努力，终于按期交出了详细编写提纲。

2003 年 10 月 30 日，国务院总理温家宝在中南海主持会议，听取中国工程院课题研究组关于中国可持续发展油气资源战略研究阶段性报告的汇报。温家宝指出，石油天然气是重要的战略资源，关系国民经济和社会发展，关系国家安全。党中央、国务院非常重视可持续发展油气资源战略的研究。国务院副总理黄菊、吴仪，国务委员兼国务院秘书长华建敏、国务委员陈至立出席会议。在汇报会上，中国工程院院长徐匡迪，侯祥麟、邱中建、胡见义院士先后就课题研究的进展情况、已取得的阶段性成果及课题组下一步的打算作了发言。王淀佐、杜祥琬、翟光明、袁晴棠、汪燮卿、徐承恩、李京文院士出席汇报会。国务院有关部门负责人充分肯定了课题组所取得的阶段性研究成果，对课题组下一步的研究提出了意见和建议。

编写提纲审查通过后，专题组就着手编写咨询报告，在这一过程中，徐承恩还带领专题小组进行了以下工作：

1）继续搜集国际上有关本专题的情报资料，借鉴他们的成熟的经验，作为提出建议的参考。

2）邀请行业内和政府有关部门的知名专家开咨询会，比较大型的有两次，一次是进行有关资源储备方面的咨询，一次是有关我国储备规模的咨询，与会专家发言踊跃，提出了许多十分有益的宝贵意见。

3）到中化公司舟山石油储备基地进行实地考察，了解基地建设和运营过程中的一些实际问题。

专题组的全体同志都以强烈的责任感和科学的治学态度全身心地投入编写工作，中间曾多次向课题组和工程院汇报，参加侯祥麟院士组织的讨论。讨论过程中，徐承恩“发言踊跃，知识渊博、分析问题全面、切中要害”。专题小组内部也多次讨论和集体审稿，曾三易其稿，最后按期圆满完成了任务。

袁晴棠院士参与了“中国可持续发展油气资源战略研究”项目，任副组长，同时担任专题五“石油化工发展战略”专题组的负责人。她赞扬徐承恩院士负责的“石油安全与战略储备”专题“研究深入，摸清了国外的情况，也结合了国内的实际情况，这个研究确实具有战略性，具有对我国的针对性，还包括有一定的前瞻性”。专题研究“对我们国家的石油安全和石油储备，就是石油储备体系的建设还是有一定的指导意义，还有重要的参考价值，研究取得了丰硕成果”“对我国的石油可持续发展战略，以及在这个方面的战略规划、计划都起了指导、借鉴、参考的作用”。

2004 年 6 月 25 日，温家宝总理亲自主持召开了由国务院领导及相关部委领导参加的会议，听取了“中国可持续发展油气资源战略研究”课题组的成果汇报。温总理对课题研究成果给予了高度肯定，认为这一研究成果对于制定国家中长期经济发展规划和能源战略具有重要意义，要求国务院有关部门给予高度重视。

2005 年，徐承恩就国际石油储备建设经验与启示作报告

第三节　带领石油学会为北京发展献计献策

“文化大革命”结束后，科学的春天又重新到来，国家原有的各种学术团体纷纷恢复活动，新的学术团体也如雨后春笋般纷纷成立，形成了百花齐放的局面。1979 年，中国石油学会也在侯祥麟等老一辈石油科学家的倡议下成立，为我国的石油科技工作者开展科技活动创造了条件。在中国石油学会成立大会上，徐承恩当选为首届理事，之后又被选为常务理事，名誉理事。

在中国石油学会成立后，各省市很快都成立了地方石油学会以开展活动。唯独北京市这个石油科技人才比较集中的地方直到 1984 年还没有成立石油学会，与形势发展很不适应。因此，在 1984 年，时任中国石油学会秘书长的徐旺请徐承恩负责联系在北京的中国石油学会理事闵恩泽和谢济谋，共同发起成立北京石油学会，徐承恩觉得义不容辞，接受了这一任务，并积极开展筹备工作，很快创造条件，取得了北京市民政局社团办的批准，北京石油学会于 1988 年正式成立。在成立大会上，徐承恩被选为北京石油学会理事长，设副理事长四人，秘书长一人，副秘书长二人。北京石油学会下设石油炼制、石油地质、石油工程、石油应用及经济四个专业委员会以及科普和教育工作委员会、组织工作委员会。

北京石油学会成立后，本着“服务北京，服务北京石油科技工作者”的宗旨，积极开展科技交流，培养年轻科技人才，为北京市献计献策和开展各种科普活动。在徐承恩和学会工作干部的共同努力下，北京石油学会取得了很好成绩，多次获得北京市科协和中国石油学会授予的“先进学会”称号，特别是1999—2003年连续5年获得全国省级“学会之星”的荣誉，这在全国省级学会中是少见的。由于对北京石油学会工作的认真负责和取得的成绩，徐承恩受到北京石油学会会员的信任，连续三次当选为北京石油学会理事长，也被北京市科协授予“最佳理事长”和“先进科技工作者”称号，后来也曾长期担任北京石油学会的名誉理事长。

在徐承恩担任北京石油学会理事长期间，他曾多次领导北京石油学会为北京市的建设提出重大建议，也曾为培育青年技术人员和科普工作做了很多工作。

一、为引进陕甘宁天然气，改善北京大气环境积极献计献策

20世纪80年代，北京大气污染已相当严重，给人民健康带来十分不利的影响。当时北京的大气污染主要为煤烟型污染，因此改善北京的能源结构，特别是民用燃料的结构，成为改善北京大气质量最重要的措施。北京市领导已有改变北京能源结构、减少用煤的设想，但技术路线尚未确定。一条路线是利用北京周围地区的煤矿，在坑口发生煤气再送至北京，例如在河北蔚县煤矿建设坑口煤气发生站；另一条路线是利用北京周边地区的天然气。在这种情况下北京石油学会召开了一次“北京市气化能源路线研讨会”，会议专门邀请石油工业部主管天然气开发的胡朝元司长作利用陕甘宁天然气进北京的方案报告。经过充分讨论，与会代表认为，利用陕甘宁

天然气的方案优于利用蔚县坑口煤气的方案，但存在的主要问题是陕甘宁地区的天然气资源是否已真正落实可靠。

为了吸取过去曾有过的在天然气资源不落实的情况下急于修建大型输气管线而造成国家巨大损失的教训，徐承恩认为有必要专门召开一次天然气资源论证的专家会议，于是在1991年底，北京石油学会专门召开了一次“北京周围地区天然气资源论证及综合利用研讨会”。为了集思广益，充分听取有关各方面的意见，会议除了邀请北京地区的石油、天然气专家外，还特别邀请了中国石油学会理事长侯祥麟院士，长庆油田、华北油田的专家，国家计委、北京市计委、北京市公用局等有关部门的领导。共有28个单位63位专家参加。经过两天的充分讨论，绝大多数专家认为陕甘宁气田是我国当时陆上找到的最大整装气田，其资源是可靠的，用以气化北京，在技术上、经济上都是合理的。

根据会议讨论结果，徐承恩组织专家连夜编写“关于加速勘探开发陕甘宁盆地中部气田和将天然气东输至北京的建议”，并提交给北京市有关部门，这一建议得到北京市政府的采纳，北京市决定与石油工业部合作共建陕京输气管道。该管道于1997年9月建成投产，为改善北京大气质量和举办绿色奥运作出了重要贡献。

二、为燕山石化公司炼油厂提升产品质量，加大竞争优势出谋划策

燕山石化公司炼油厂始建于20世纪60年代末，当时的规模只有250万吨/年，与之相配套建设的化工厂只有规模不大的向阳化工厂。在20世纪70年代，国家在燕山地区相继建设了前进化工厂、胜利橡胶厂、东风化工厂和曙光化工厂等多个大型化工厂，这些化工厂基本上都需要炼油厂提供原料，另外炼油厂还承担着为北京提供民用燃料石油液化气的重任。虽然为承担这些任务，燕山石化公司炼油厂几经扩建加大了炼量，但一直没有一个总体规划，二次加工装置不配套，加工总流程得不到优化，以致炼油厂的石油产品结构很不合理，炼油厂经济效益受到很大影响。例如，炼油厂不能生产高附加值的航空煤油、优质汽油和低凝点的冬用柴油等。为此炼油厂的领导向北京石油学会提出希望利用学会科技人才密集的优势，为炼油厂提高经济效益和增加其石油产品的竞争优势提供咨询。北京石油学会认为对会员单位进行技术服务，是学会应尽的职责，于是在徐承恩主持下，组织在京的中国石化总公司、炼油科研设计单位和石油院校的专家连续举行了 3 次咨询论证会，最终提出了一个在炼油厂建设一套连续重整和一套中压加氢裂化装置的建议，这样在投资增加不多的情况下，可以起到生产优质汽油、多产航空炼油、多产低凝柴油和进一步优化乙烯裂解原料一举四得的效果。

这一咨询结果得到了燕山石化公司炼油厂和中国石化总公司的认可，很快就得到批准实施。项目建成后的确取得了预期效果，被该厂领导称为“腾飞工程”。由于这一咨询项目对企业的发展起到了很好的作用，因而获得北京市科协 1998 年度金桥工程一等奖，中国科协第二届全国金桥工程优秀项目一等奖。

燕山石化公司炼油厂改造后全景图

徐承恩(左一)与燕山石化公司炼油厂刘富贵一起研究工作

三、积极推动车用燃料清洁化，为北京申办奥运增加有利条件

自从北京宣布要申办奥运会后，徐承恩一直在思索北京石油学会作为北京一个学术团体，应该为申办奥运做些什么贡献。后来他想到北京市是全国在用汽车数量最多的城市，在天然气进京后，北京的大气污染已从煤烟型转为汽车尾气污染型。虽然汽车加装尾气三元催化转化器，可以减少污染物质的排放，但如果燃油质量不好，尾气转化器中的催化剂将很快中毒失效，所以减少汽车尾气污染的根本措施是要提高汽车燃油的质量。在北京石油学会的会员中，有很多石油炼制专家，对解决这一问题进行咨询论证具有优势，为此北京石油学会邀请在京的炼油专家，国家环保局、北京市环保局、市政协、市科协、市计委和北京石油公司等单位的代表，在徐承恩理事长的主持下，先后召开了“改善北京环境，取消低标号汽油研讨会”“减少北京市区汽车排放污染研讨会”，经过讨论，与会专家取得了以下共识：

1）当时我国正在执行的车用汽油质量标准是20世纪50年代根据苏联国家标准制定的，限于当时的技术水平，汽油的质量指标很低，几十年来又一直没有修改，与国外汽油的质量差距越来越大，对环境污染严重，已到了不能不改的地步。

2）汽油质量的升级涉及的面很广，需要的投资很大，不可能一蹴而就，应有计划分阶段地实施。

3）建议北京市的汽油质量升级分三步进行：

① 首先取消低标号(马达法 70 号)汽油的销售，将汽油标号升级为 90 号(研究法)或以上。

② 汽油的抗爆添加剂四乙基铅对人体的毒害很大，尤其是影响青少年的智力发育，建议第二步实行汽油无铅化，取消含铅汽油的销售。

③ 在完成以上两步后，再逐步实行汽油优质化，向国际标准靠拢。

北京石油学会改善北京环境取消低标号汽油研讨会，左一为徐承恩

北京石油学会将这些意见整理成文，通过市政协、市科协向市有关部门发送，受到了市有关部门的重视，北京市石油公司从 1995 年 1 月 1 日起就停止销售 70 号汽油。从 1997 年 7 月 1 日起，北京市在全国首先实行汽油无铅化。从 2000 年开始，北京参照国际汽油标准，逐步升级优化，到 2008 年北京举办奥运会时，北京实行的汽油质量标准，相当于欧盟的欧Ⅳ标准，赶上了国际先进水平。而全国到 2014 年才实行国Ⅳ标准(与欧Ⅳ标准相当)。

2005 年北京石油学会成立 20 周年之际，汪燮卿(左一)、徐承恩(左二)、侯芙生(右二)、李大东(右一)四位院士在石油化工科学研究院图书馆合影

四、建议推广应用天然气燃料汽车，以进一步改善北京大气质量

天然气作为车用燃料，其排放尾气中的有害物质和温室气体 CO_2 较汽油车低，例如 CO 低约 70%，氮氧化物低约 87%，CO_2 低约 20%，所以从改善大气质量来说，使用天然气作为车用燃料更为有利。

使用压缩天然气(CNG)或液化天然气(LNG)作为车用燃料在国内外已有成熟经验，技术上可靠，经济上也合算，其缺点则是天然气的能量密度较低，行程较汽油车短。但像北京这样的大城市，有较多行程不长的车辆，如公交车、出租车和环卫车等，使用压缩天然气，完全可以满足要求。而且陕甘宁的天然气已经进京，北京已具备使用燃气汽车的基本条件，因此北京石油学会先召开了推广燃气汽车的学术讨论会，其后又两次组织北京市科协领导和各有关委、局的同志去河北廊坊参观考察该市燃气汽车的推广应用情况，实地考察该市燃气汽车的改装厂、加气站、运行车辆，并与华北油田和廊坊市的科技人员进行座谈，加深了北京市参会同志对燃气汽车的认识。北京石油学会举办的这些活动有力地促进了北京市燃气汽车的推广应用，为北京作出了贡献。

五、积极组织各种学术会议和参加社会公益活动

徐承恩一直认为北京石油学会是一个学术团体，一定要使会员能从学会举办的各种学术活动中受益，因此在他任理事长期间，北京石油学会每年都要单独或与中国石油学会各个专业委员会联合举办多种学术交流会议，另外还多次举办青年科技论坛，为在京的青年石油科技人员提供交流科技成果、展示才华的舞台。这些活动受到在京石油科技人员的欢迎，从而使北京石油学会的会员很快就超过 2000 人，充分体现了北京石油学会的凝聚力。

举办各种科普活动，提高群众对石油工业的认知，也是石油学会工作的重点。徐承恩十分重视组织会员单位参加市科协组织的科技园活动，举办石油产品展览、石油科普画廊，都取得了很好的效果，获得了好评。

徐承恩被评为北京市科协学会系统最佳理事长

北京石油协会四位创始人：闵恩泽（左一）、谢济谋（左二），
徐承恩（左三）和徐旺（右一）

第九章

不遗余力培养人才 使石化事业后继有人

第一节 与外国工程公司合作培养人才

1984 年，经中国石化总公司批准，徐承恩任中国石化总公司北京设计院院长。徐承恩认为，在设计方面，北京设计院跟国外先进的设计公司有一定差距，因此有必要向国外公司学习先进设计经验。1985 年，中国石化总公司决定成立 3 个合资设计公司，徐承恩主动找到负责此事的张万欣副总经理，申请北京设计院成立合资公司。经过总公司讨论决定，北京设计院与美国的鲁姆斯公司合资成立华鲁工程有限公司。20 世纪 70 年代初，中国建设的第一套世界规模级乙烯装置(燕山石化)采用了鲁姆斯技术。此后，鲁姆斯在华实施了 80 多个项目。1985 年 6 月 18 日，北京设计院与鲁姆斯公司各出资 150 万美元作为注册资本，在北京成立华鲁工程有限公司，是专门从事工程设计和建设的中外合资经营企业，承担化工厂、炼油厂、天然气加工厂、化纤厂、化肥厂、轻工厂、发电厂和环境保护，以及上述各类项目的附属设施的建设；提供建设项目的预可行性研究、可行性研究、基础设计和详细设计。公司还承包项目的采购服务，包括订货、催交、验收和运输，项目管理和施工管理，协助开车和试运转，人员培训，咨询服务以及技术转让等。

1985 年，中国石化总公司任命徐承恩为华鲁工程有限公司董事长。鲁姆斯公司派经验丰富的项目经理、美籍华人潘剑津前来任华鲁公司的美方经理，并且，鲁姆斯公司还另外派出几名设计专家来到北京设计院，共同参与项目。经过徐承恩的争取，华鲁公司从中国石化总公司拿到了第一个项目——齐鲁石化渣油加氢设计。整个项目的设计程序等都按照鲁姆斯公司的做法来实施，北京设计院也借此机会向鲁姆斯公司学习了大量经验。

任职中美合资的华鲁工程有限公司董事长期间，徐承恩意识到这是提升北京设计院的工程设计能力、培养外向型复合人才、与国际工程公司接轨、为走出国门打基础的绝好机会。他除了向项目的每个专业安排1~2名经验丰富、业务精湛的老同志(如工艺的朱昌莹，配管的徐心兰、张德姜，土建的张先勇，电工的石焕民，仪表的金桂馥，机械的陆文高等)之外，还挑选了一批具有发展潜力的年轻技术人员到华鲁公司工作，其中许多人来北京设计院工作的时间只有1~2年。

通过与外方人员肩并肩地工作，这些年轻人学到了国外项目的管理方法、国外项目管理规范和工程规范的使用，并大大地提高了与外方人员的沟通能力(尤其是语言能力)，为接下来赢得并成功执行科威特项目、伊朗项目和泰国项目打下良好的基础。许多当年在华鲁公司工作过的年轻人，如刘家明、闫少春、孟庆晖、朱斐、黎金、彭志强、丘平、黄左坚、霍宏伟、王宗景、黄旭东、孟庆海、孟兵和胡宏等后来都纷纷成长为公司的经理、主任和技术骨干。可以说，徐承恩当年富有远见的用人策略为中国石化工程建设有限公司[北京设计院于1999年与其他单位重组为中国石化工程建设有限公司(SEI)]储备了大量优秀后备力量，为今天的成就打下了坚实的人才基础，为北京设计院从国内设计向国际型工程公司转变起到了重要作用，也为中国石化工程建设有限公司承接伊拉克、伊朗等国际炼油项目打下了基础。

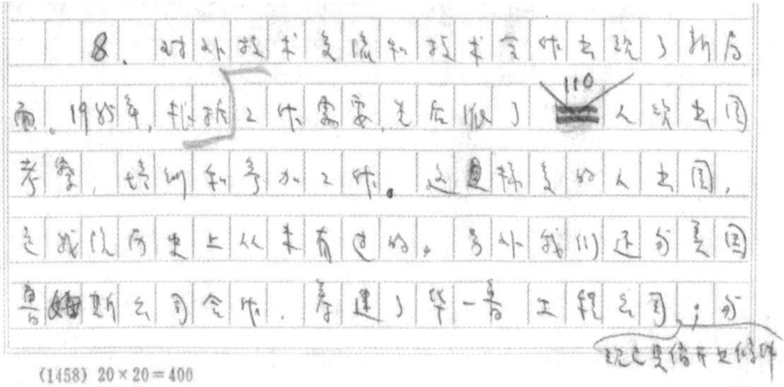
8、对外技术交流和技术合作出现了新局面。1985年，根据工作需要先后派了110人次出国考察、培训和参加工作。这里指的人出国，这在我院历史上从来有过的。另外我们还与美国鲁姆斯公司合作，筹建了华一鲁工程公司；分

北京市电车公司印刷厂出品 八四·七

(1458) 20×20=400

徐承恩撰写1985年北京设计院年度总结报告，指出人才培养方面的工作成果

第二节 给年轻人加担子

徐承恩是炼油工艺技术的领军人物，作为炼油工程设计的大师，徐承恩十分重视人才培养。

1959 年 4 月，徐承恩与杨启业一起到兰州炼油厂配合苏联专家工作。当时实行军事化管理，徐、杨二人每天从兰州炼油厂西固区跑步前往工厂大门，接着进行民兵训练，训练结束后进入工厂。徐承恩认为到兰州炼油厂，工作是一方面，更重要的是利用好兰州炼油厂装置种类多、水平在国内较为先进的优势，多在厂里现场实地学习实践。在徐承恩的带领下，一个月的时间内，他们将常减压、热裂化、气体分馏、酮苯脱蜡、丙烷脱沥青等装置通通学习了一遍。徐承恩本人较有实际生产经验，对各装置的关键部位较熟悉，在指导别人时，会特别指出装置设计时的注意事项、基本原理、各种经验、细节等，对别人的提问也毫无保留，一一解答。

据杨启业院士回忆，他做常减压装置设计的第一步就是在兰州炼油厂的学习，这段学习经历对他以后各项设计工作的顺利展开必不可少，意义重大。在兰州炼油厂学习后，杨启业相继进行了大庆炼油厂和茂名炼油厂等的常减压装置设计。

大庆炼油厂 100 万吨/年常减压装置设计时，基本参照了兰州炼油厂的设计。且为了提高建设进度，兰州炼油厂的部分生产人员也被调配至大庆炼油厂。当时一套设计对应一套施工管号，且要求生产工人必须会背管号。杨启业听说，兰州炼油厂常减压装置的部分工人要调至大庆炼油厂建设生产，为了不增加工人的负担，他在进行大庆炼油厂常减压设计时，所用流程图中的施工管号都没有改变，与兰州炼油厂的管号完全一致。这样，调配至大庆炼油厂的工人在背熟兰州炼油厂管号的基础上不需重新记忆管号也可以迅速投入生产建设，大大减轻了工人的负担，大家都对杨启业赞不绝口。杨启业回忆说，“这些都是徐(承恩)院长在兰州教给我们的，虽然是小事，但是做好这些细节，就可以事半功倍，对设计人员、工厂技术员、生产建设工人都大有好处。”

“文革”期间，杨启业在荆门炼油厂做设计施工，装置建成后，杨启业还到现场做开工指导，由于有在兰州炼油厂学习的开工经验，杨启业对装置的关键之处非常熟悉，处理起各种问题游刃有余。开工后，冷凝器上冷下热，不能降温，杨启业按照在兰州炼油厂学习的做法，将冷却器放空阀门打开把气体排出，立刻就解决了这个问题。

在设计气体分馏塔时，液位控制是难点，杨启业无论在自己亲自设计还是审核他人设计时，都特别注意将塔底的液体量考虑周到，不仅仅根据公式计算的结果，还根据实际经验适当增加塔底面积，控制塔底液位。又如在酮苯脱蜡装置的设计中，溶剂泵的选择十分关键，必须慎重选择，有效避免溶剂泄漏。杨启业这些设计关键和生产经验的心得主要得益于在兰州炼油厂时徐承恩的悉心指导。除了知识经验的传授，“他(徐承恩)还教导我们要学什么东西”，可见徐承恩对学习方法和研究方法的传授也格外重视。杨启业于 1957 年从北京石油学院毕业，所学还仅仅是些书本知识，“1958—1959 年，虽然做了一些设计，但对操作还不懂”，而通过在兰州炼油厂的学习和徐承恩的言传身教，杨启业迅速成长了起来，最终成为炼油专家(也被评为中国工程院院士)。

曾任中国石化工程建设有限公司总经理兼党委书记的孙丽丽的成长也与徐院士的关怀、教诲和指导密不可分。

孙丽丽大学毕业刚来设计院没多久，北京设计院接到了盘锦炼油厂的加氢裂化项目，这是中国改革开放以后自行设计的 4 套加氢裂化装置的第一套。这项工作对当时的北京设计院来讲是一个巨大的挑战，因为设计方法没有，设计图纸没有，经验那就更谈不上了，所以要完成这样一项工作，挑战是非常大的，但同时也是非常好的一个机遇。此时的徐承恩是北京设计院的总工程师，他几次主持对工艺流程、工艺计算方法，包括对一些特殊的关键技术的评审。在这些评审的过程中，徐承恩的讲话虽然是面对那些老工程师的，但对刚刚大学毕业的年轻人也有很大的启发，因为徐承恩讲得深入浅出，能够让大家都听得明白，具体往下实施都会思路清晰。这个项目后来交给孙丽丽，由于有大师的指引，她圆满完成了北京设计院第一次承接的加氢裂化装置的设计。

徐承恩非常重视信息化技术的应用。北京设计院在80年代的时候曾经购买了ASPEN的软件，ASPEN是最早引进的流程模拟软件。在使用计算机之前，做一个相平衡，做一个分馏塔水力学的计算都要消耗非常长的时间，最关键的是想改变方案就没有那么容易，会耽误很长时间，没有那么多的条件去优化方案。徐承恩和李昌彀总工程师找到孙丽丽，要求孙丽丽能够对计算机的软件进行二次开发。当时整个说明书全是英文，没有翻译成中文，徐承恩叫李总亲自去资料室把1979年唯一引进的美国UNICAL公司设计的一套加氢装置的资料借出来给孙丽丽。徐承恩对孙丽丽说，要通过计算机的应用使设计院的设计水平有个很大的提升。开发过程是很艰难的，经过半年的奋战，完成了大流程的模拟。孙丽丽对此深有感触，她说："在现在这个信息化时代可能对软件的二次开发不觉得什么，可是在当时那个年代，能有一位有前瞻力的大师，让一个二十多岁刚刚大学毕业的年轻人，去承担这样一件大事，而且在大师的指导下这件事又做成了，对当年的北京设计院有很大的影响，所以当时我们得了那么高的一个奖。这一切都要感谢徐院士当年对年轻人的信任，敢于给年轻人加重担，使年轻人迅速成长。所以后来我做领导以后，也一直是非常致力于能够通过计算机辅助设计这种集成化的设计和应用来带动我们的技术进步。"

孙丽丽认为，徐院士是一位心胸开阔的人，徐院士作为老一代的知识分子，在工作原则、工作风格，为人处世方面，尤其是在对年轻人的培养方面，是非常关注的，非常爱护的，确实是给我们做出了榜样。徐院士对年轻人的引导都不是在小事上，帮你解决了个什么题，帮你画了张图，都不是。他对你是一种心灵的指导，一种灵魂深处的引导作用，对我们的影响是非常深远的。

第三节　言传身教

徐承恩从一线领导岗位退到二线后，长期担任公司技术委员会主任、专家委员会主任，除主持公司重大技术方案的审查外，还担当博士后工作站导师，不遗余力地培养人才。鉴于中国石化工程建设有限公司的资质和实力，经有关部门批准，公司于 2003 年建立了博士后工作站，第一期入站的博士是吴德飞，导师为徐承恩和孙丽丽。2005 年吴德飞出站后，迅速成长，目前已是公司执行董事、党委书记。第二期入站的是彭颖博士，导师为孙丽丽和徐承恩。她 2010 年出站，目前为公司数字工程部的技术骨干，2014 年被评选为中国石油化工集团公司“一线最美青工”。徐承恩给她的推荐评语是：“公司给她布置了一个工作量很大、难度很大的工作，就是要她开发一个工艺集成化设计平台，这个工作没有成功经验可以借鉴，彭颖同志明知道这个任务的艰巨性和复杂性，但她还是不畏艰巨地接受了这个任务。经过她的刻苦钻研和辛勤劳动，这个成果已经应用到十多套工艺装置的设计，极大地提高了设计效率和设计质量，为 SEI 向国际工程公司迈进作出了重要贡献。从彭颖同志工作态度和工作业绩看，她不仅具有较高的理论基础，而且有很好的敬业精神，她热爱石化，乐于奉献，在青年职工中是很难得的人才。”徐承恩对人才的培养、关怀和鼓励可见一斑。

郑立军曾是海南炼油厂项目的设计负责人。这个项目是中国石化总公司第一个千万吨级炼油厂。徐承恩是该项目技术核心组的顾问，对工厂总工艺流程、总图布置、公用工程配套、油品储运、环保治理以及开工方案等的评审，他都亲自参加并提出指导意见。

海南炼油厂的生产流程包括多种炼油工艺，如常减压蒸馏、流化催化裂化、加氢裂化、渣油加氢、加氢精制、制氢等。郑立军发现徐承恩对这些工艺都熟知于心，他感到“从徐院士这里受益匪浅”。

在海南炼油厂建成之后，这个全加氢型的清洁炼油厂几乎成了一个样板，其工艺水平至今仍然是国内领先的。

还有普光天然气净化厂——川气东送项目，由于四川的天然气有“三高”，即含硫高、含二氧化碳高、气压高，国内还没有设计过这样的天然气净化厂。为此，时任 SEI 总经理刘家明专门请徐承恩担任这一项目的顾问，进行指导。徐承恩帮助项目组进行了一些前期工作。在项目建成投产以后，天然气和副产品硫黄的质量都优于国家标准，而且经受了长周期运转的考验。普光天然气净化厂也成为一个杰出的样板。

拍摄于普光天然气净化厂，左起：孙丽丽、袁晴棠、徐承恩、曹湘洪和曹湘洪夫人

魏志强博士入站时，徐承恩说自己年纪大了，就不再做导师了，鼓励中年专家承担。但他仍心系人才培养，关心博士后工作站，担当了博士后工作站的顾问，继续为培养人才贡献他的学识和智慧。

作为工程设计大师，徐承恩在我国石油化工领域有很深的造诣，为我国石油化工的发展作出了很大的贡献。但他更多地把建设世界一流能源化工公司和打造国际型工程公司的石化梦寄托于新加入石油化工队伍的后来者。每年都有几十个大学毕业的本科生、硕士生来公司报到，徐承恩每年都抽出时间参加公司举办的迎新大会并和新入职的员工座谈，把他六十多年人生沉积的精华传给新加入石油化工队伍的年轻接班人。2010 年 9 月，他与新入职的大学生座谈时，语重心长地说："SEI 在国内外已经有了比较靠前的排名，但这些荣誉只能说明过去，今后的发展仍然需要高素质的人才加入这个团队中。高素质代表的是什么？我认为至少有三个方面的内容：

一是知识。作为人才需要有丰富的基础知识、专业知识、相关学科知识。在学校学到的知识，工作中远远不够，要在工作中继续学习深化。不断学习深化，取得新知识是一个人才的基本素质。

二是能力。有知识无能力或'高分低能'不一定能做好工作，因而要提高自己的能力。能力包括很多方面，主要是：思维能力、沟通能力、学习能力、实践能力。首先要有很强的思维能力，而且是正确的创新思维。在我们国家的一次导弹试验中，最初导弹没达到预定的距离就掉下来了，许多人认为是燃料不够，可是一位年轻科学家提出了要将燃料减少的反向思维，得到了钱学森的赞同，指出'这个年轻人的思维是对的'。依此办理，减少了燃料，导弹重量减轻，结果达到了目的。从这个例子可以看出思维的重要性和创新思维的重要性。如果每项设计都是照搬照抄，不重视创新，那肯定要落后。其次要有很好的沟通能力。'设计'不是一个人完成的，是一个团队的智慧和劳动结晶。只有很好地沟通，才能把每个人的智慧毫无保留地集中反映到设计中来。但如果用打麻将式的思路去沟通，这绝不是我们要提倡的。再次要有刻苦的学习能力。现在是知识经济时代，知识更新加快，不学习就无法工作。20 世纪 60 年代，美国科学家提出了摩尔定律。其内容为：集成电路上可容纳的晶体管数目，约每隔 18 个月便会增加一倍，性能也将提升一倍，当价格不变时，或者说，每一美元所能买到的电脑性能，将每隔 18 个月翻两倍以上。这一定律充分说明了信息技术进步的速度。这说明，在这样的时代，若不好好学习就跟不上发展的步伐。最后要有很好的实践能力，即科学上的动手能力。设计人员不仅要有设计活动中的动手能力，而且要有现场的实践能力。当然，作为领导人员要有决策能力、表达能力、组织能力、解决问题等能力。

三是品德。首先要有好的个人修养，要孝敬父母、尊老爱幼、讲文明、讲礼貌、讲风尚、以和为贵、尊重别人劳动、不盛气凌人等。其次要有社会公德，要遵纪守法、要讲职业道德、要爱岗敬业。

以上这三个方面，作为人才缺一不可。当然，知识有多有少、有宽有窄，能力有大有小、有正有负，品德有高尚、有恶劣，关键是要有正确的人生观、价值观为指导。这不仅是对新员工们的希望，也是我对自己的要求。”

2012 年徐承恩给新入职职工作报告并回答问题

第四节　学术交流

徐承恩院士是国内知名的石油化工专家，很重视国内外的学术交流。通过考察、学报、论文、学术交流会等多种形式，了解并掌握国内外石油化工技术发展的最新动态，多次到发达国家考察学习。1982 年 3 月，徐承恩随中国能源代表团赴欧共体英、法、德、意、比、荷等国考察能源情况及节能降耗的最新技术；1984 年作为技术负责人参加贸促会代表团赴日本考察炼油工业；1988 年赴荷兰参加 ASPEN 公司的 ASPEN PLUS 年会，了解流程模拟软件的最新进展。后来北京设计院引进了该软件并进行了二次开发，应用于炼油装置设计中，大大提高了设计质量和设计效率。

徐承恩多次在国内石化系统的学术报告会及石油化工重点刊物上发表论文，很多论点被同行认可，有些被上级领导采纳。1991 年，他在《炼油设计与工程》杂志发表文章《车用汽油质量的发展趋势及其改善途径》，介绍国外对车用汽油含铅量和组成控制日渐严格的发展趋势，总结国外提高催化重整和催化裂化汽油质量以及采用异构化和醚化工艺等改善汽油质量的措施和途径，建议大力发展 MTBE 工艺和重视汽油调和工艺的研究，合理利用各种汽油组分，获得最大的经济效益。1997 年，他在《炼油设计》杂志发表文章《炼油厂的大型化》，扼要阐述炼油厂实现大型化的优越性、大型炼油厂应具有的规模和建设模式，并提出了通过老厂扩建和新建两种模式，实现炼油厂大型化过程中应注意的问题：①在产品、工艺和设备上满足环保要求；②利用轻烃和气体；③发展渣油加氢工艺；④保证长周期运转和解决设备大型化后引起的结构和化学工程问题。2000 年，他在《炼油技术与工程》杂志发表《环境保护将成为促进炼油科技发展的重要动力》一文，介绍了全球面临的重大生态环境问题及我国生态环境的现状，分析了炼油工业与环境保护的关系，以及在环境保护的前提下开发环境友好的生产工艺、生产环境友好的石油产品、控制污染物排放技术并以此推动炼油技术的发展。2002 年，他在《石油化工技术与经济》杂志发表《对提升我国石油石化工业竞争力的几点看法》一文，概述了国外石油石化公司为提高国际竞争力而实施的战略措施，分析了我国石油石化企业与国外大公司的差距，提出我国石油石化企业要参与国际竞争，除了从技术上采取许多措施外，还需转变观念，积极开展国际合作，参与国际油气资源的开发，引进海外有真才实学的专家以及加快管理体制的改革，以此来提升我国石油石化工业的国际竞争力。

徐承恩院士在中国石油炼制技术大会及中国石油化工集团公司科学技术委员会上多次发表论文，例如，《石油替代燃料路在何方》《绿色低碳经济时代炼油工业的清洁生产与增效》《树立正确环保观念，自觉迎接环保挑战》《亟待引起重视的石油安全问题》《积极慎重地提高汽柴油质量标准》等，都受到了同行们的好评，为上级领导的决策提供了重要依据。

徐承恩(二排右六)参加石油化工科学研究院

特邀专家委员会三届二次会议

1983 年，参加克拉玛依炼油厂设计审查会

徐承恩(左一)在 20 世纪 80 年代会见外宾

徐承恩院士(右一)在中国石化石油化工科学研究院与汪燮卿院士(左一)、李大东院士(左二)和侯芙生院士(左三)研讨工作

1983年，徐承恩(左二)随石油工业部副部长孙晓风(左三)访问日本亚细亚公司横滨炼油厂

2000 年，徐承恩院士(左四)在浙江大学参加科研成果鉴定会

徐承恩院士(前排右一)与闵恩泽院士(前排左一)、侯芙生院士(前排左二)和侯祥麟院士(前排左三)参加石化管理干部学院学术会议时留影

徐承恩院士(后排右三)听取协和石化工程汇报会

2006 年，徐承恩院士在抚顺石油化工研究院做学术报告

徐承恩院士(右一)主持邱中建院士学术报告会

2004年，徐承恩(右一)参加新疆石化厅召开的
新疆石油石化发展战略与规划论证会

第五节 同行的赞誉

我国炼油界对徐承恩都是非常尊重、十分敬佩的。中国工程设计大师、中国石化工程建设有限公司原总工程师李志强曾这样评价徐承恩：敏于思，勤于行；崇尚科学，不为名利；认真做事，低调做人；基础知识扎实，知识面宽广；学术水平高，创新思维强。

北京设计院原副院长李学诚与徐院士共事多年，认为徐院士作为一位老知识分子，作风正派，光明磊落，工作上不分亲疏，不讲关系；工作一直认真负责，一直受人尊重；宠辱不惊，能上能下。能下，“文革”时期能够承担一般设计人员的工作，毫无怨言，没有任何低落情绪；能上，即使作为院长，也从没有骄矜之气。这一点让李学诚十分佩服。李学诚回忆道：“在抚顺工作时期，是他最低潮的时候，天天跟大家住在一起，住在一个八个人的大屋，他也没有闹情绪，每次(有问题)找他商议，他从没有说不理我，或者说你自己定去我不管；再有一个，(徐院士)对待上下级都一视同仁，不管领导也好，下层也好，各方面关系都挺好；最后一个特点是他审核能力强，在技术方面他掌握得比较精，抓问题能够抓到要害，所以他审核的东西我一般都比较服气，一般都按他的(方案)做。他看问题准，技术全面。所以每次他审核的大家都佩服。”李学诚曾用四句话总结对徐院士的印象：作风正派，能上能下，一视同仁，技术全面。

刘英烈曾跟随徐承恩院士学习技术与管理，在徐承恩之后继任北京设计院院长。刘英烈曾撰文评价徐承恩院士，认为徐院士从事炼油和石油化工工程设计和研究60余年，基本功扎实，学识渊博，为人谦虚，具有丰富的炼油和石油化工工程设计的理论和实践经验，是我国炼油和化工领域的知名专家和大师。工作中，徐院士对技术、设计严谨认真，一丝不苟，敢于发表自己的意见，善于听取不同的学术意见，善于归纳和总结意见，提出非常有见解和代表性的意见。刘英烈写道："1984 年 8 月，徐院士担任中国石化北京设计院院长，当时中国石化总公司刚成立，用好一亿吨原油、为国家经济和财政多作贡献、多上缴税收是当务之急。总公司旗下的生产大企业，如燕山石化、齐鲁石化、广州石化、茂名石化、大连石化、荆门石化、高桥石化、金陵石化、锦州石化、锦西石化等企业都迫切需要改扩建炼油厂以扩大加工能力和装置规模。当时设计院成为矛盾的焦点和重点。在徐院长的领导下，北京设计院在艰苦的环境下，动员全院的力量，经过几年的努力，完成了总公司炼油企业改造扩能增效的任务。徐承恩院士在担任中国石化北京设计院院长的几年中，除了完成中国石化总公司旗下各企业扩建改造的繁重任务外，还十分重视装置的节能技术改造与炼油装置先进技术开发，并引进国外先进炼油工艺消化吸收用于国内，如常减压蒸馏装置节能技术的开发应用使我国常减压蒸馏装置的能耗由当时的 28.29 万千卡/吨原油降到 13 万~14 万千卡/吨原油，接近当时的世界先进水平。该技术获 1985 年国家科技进步奖一等奖。

福建炼油厂是北京设计院 20 世纪 80 年代后期到 90 年代初期从设计到建成的全新炼油厂。炼油厂的规划、初步设计、施工图设计等主要阶段都是在徐承恩的院长任期内完成的。徐承恩无论是在担任院长期间还是之后担任院技术委员会主任期间，都起到了重大的决策作用。北京设计院设计的福建炼油厂总体工程被建设部授予全国最佳工程设计特等奖。

北京设计院从单一的炼油设计向石油化工型转变，从国内设计向国际型转变，从单独工程设计向工程总承包(EPC)转变，经历了近 20 年的时间，从徐承恩 1984 年担任院长开始，经过几代人的努力逐步实现。徐承恩思维敏捷，敢于改革创新，身体力行，他为上述三个转变打下了很好的基础，起到了十分重要的作用。"

对李学诚、刘英烈而言，徐承恩院士是他们最敬爱的领导和师长，是中国石化工程建设有限公司极为宝贵的人才，是我国炼油和石油化工的知名专家和设计大师。

中国石化工程建设有限公司副总工程师袁忠勋是公司首席专家。作为后辈，他依然能亲身近距离地与徐承恩院士接触，能亲耳听到徐院士的教导，并深感荣幸。袁忠勋认为徐承恩院士学识渊博，为人也非常谦虚。无论在领导岗位上，还是在学术上，都曾为设计院的发展作出巨大的贡献，在这个工作岗位上兢兢业业工作，为后辈留下很多知识财富。无论是徐院士对事业的追求，还是为人处世方面都值得后辈学习。徐承恩院士虽然在石化界有口皆碑，享有很高声誉，却为人随和，平易近人。袁忠勋说："我们任何的小事情，哪怕是个人的事情，比如一些自己发展方面的事情都愿意跟徐院士说，徐院士也无私地毫无保留地跟我们去交谈。我感觉能近距离地与徐院士共事是我们这些年轻人的幸福。"

中国工程院院士袁晴棠认为徐承恩院士比较突出的一个特点就是比较务实，提的意见都能够实事求是、切中要害，都是有实用性的。"因为他一辈子都在工程设计这个领域，对我们的石化工业、炼油工业了解得比较真切，实际情况掌握得比较多，所以他提的意见都是比较切合实际的。徐院士对工作特别认真负责，不管是什么工作，只要是交给他的，他都能高度负责地把它很好地完成。另外就是他知识面比较宽，学术造诣比较深，分析问题比较深，看问题比较全面，徐院士是我们这个石化领域一个非常优秀的很有造诣的前辈。徐院士对人非常坦诚，不隐晦自己的观点，有问题他都能够很坦率地提出来。他是我们石油石化界的宝贵财富，也是我们石油化工界非常值得尊重的老前辈。"

中国工程院院士、中国石油化工股份有限公司原高级副总裁曹湘洪曾与徐承恩院士有较多的接触，他认为徐院士作为一个炼油工程设计上的大家，积累了丰富的经验，对石油化工技术的产业化过程可能会遇到哪些问题、大家能否做好，都较有把握，在一些重大问题上敢于发表自己的意见。他作为一个炼油系统的工程设计大师，对21世纪我国炼油企业的发展，尤其是工艺技术的选择都有战略性的思考，他的眼光、观点现在看起来是非常具有战略性的。

炼油技术的开发过程是研究与设计深度交叉的过程，石油化工科学研究院和工程建设有限公司优势互补，形成两家合作的好传统，中国工程院院士、石油化工科学研究院原院长李大东曾与徐承恩院士共同主导过两家单位的多项合作项目。他认为早期的北京设计院和现在的中国石化工程建设有限公司能够发展成为在国际上有影响力的公司，是几代人共同努力的结果，徐院士在其中是功不可没的。徐院士作为北京设计院的领导，对合作开发炼油技术、促进炼油工业的技术进步，都发挥了重要的推动作用。徐院士作为中国石油化工集团公司科技委员会的委员，能从很高的层次来分析全局性的战略问题，阐述对问题的意见和看法。徐院士在石化工程设计领域工作60多年，他一生的成长历程是与国家炼油工业的成长同步的。李大东院士认为，徐承恩是中国现代炼油工程设计领域的奠基人之一。

中国石化工程建设有限公司原总经理兼党委书记孙丽丽从走上技术岗位工作以来就跟随徐承恩学习，徐院士是她的老领导也是她的老师。孙丽丽说："徐院士担任设计院院长期间，提出了北京设计院要从单一的炼油设计向石油化工型转变，从国内设计向国际型转变，从单独工程设计向工程总承包(EPC)转变的奋斗目标，经过二十年的努力，目标已逐步完成，使中国石化工程建设有限公司实现了可持续发展。

徐院士是一位学术型的领导，知识面非常宽广，尽管徐院士很早就是行政领导，但是他并没有离开过技术岗位，徐院士从领导岗位退到二线后，长期担任公司技术委员会主任、专家委员会主任，在公司重大技术方案评审时，徐院士在充分听取大家的意见之后，都能高瞻远瞩地概括大家的意见，提炼出有非常重要指导意义的结论。

徐院士作为老一代的知识分子，是一位心胸开阔的人、从不计较个人得失的人、甘当人梯的人。徐院士作为中国工程院院士、国家工程设计大师，在我国石油化工领域有很深的造诣，为我国石油化工的发展作出了很大的贡献。但他更多的是把他的中国梦、建设世界一流能源化工公司、打造国际型工程公司的石化梦，寄托于加入石油化工队伍的后来者。徐院士非常关注对年轻人的培养，始终把培养年轻人放在重要的位置。”

徐承恩院士 60 多年来坚持人生的两条原则：做人——诚信待人，严于律己；做事——敬业尽责，不求名利。“宁知白首之年，不坠青云之志。”正如 2007 年时任《科技日报》总编辑的书法家张飙在见到该报记者采访徐承恩的稿件后，有感所赋《鹧鸪天》一词中所写：

石油巨厦耸天云，
亿万聪慧铸厦魂。
未思厦顶映虹彩，
甘居厦底承千钧。
砥石默，大浪奔，
浮沉不改耿耿心。
伟绩从来历史记，
最是英雄悄耕耘。

张飙还将这首词书写成条幅赠送给徐院士，作为留念。

徐承恩院士(右一)与陈俊武院士在长沙岳麓山合影

1997年，徐承恩院士(左三)与李大东院士(左一)、徐更光院士(左二)、唐明述院士(右三)、殷瑞钰院士(右二)、李俊贤院士(右一)在龙门石窟合影

中国石化工程建设有限公司祝贺徐承恩院士七十寿辰

中国石化工程建设有限公司领导刘家明(左二)

祝贺徐承恩院士(右二)八十寿辰

第十章

年逾耄耋 初心不改

徐承恩院士年过九旬时还一直坚持按时上班，为石化工业辛勤工作。一些关心他的同志经常劝他“年纪那么大了，不必每天都来上班，更不必每天上整班，有事来来就行了。”他总是微笑回答：“在家也没事，身体还好，能干一点是一点。”于细微处见精神，他的敬业感动了单位内许多年轻人。

徐承恩院士参加炼油工业工作逾 70 年，从煤炼油、页岩油炼制、天然油炼制，他都经历了、见证了也参与了炼油工业发展壮大的全过程。我国炼油工业的产能从 1949 年新中国成立初期的 19 万吨/年发展到 2022 年的 9.2 亿吨/年，中国已成为世界第一炼油大国。中国石化在 2016 年已居世界 500 强企业的第二位，成为世界上有重大影响的能源化工公司，取得了举世瞩目的成就。

尽管如此，与国外著名石油公司相比，中国石化还存在诸多差距，如资金收益率、劳动生产率均不如人；管理体制和机制不够高效灵活；原始创新能力不强等。归根结底，就是竞争能力不强。这说明中国炼油工业虽然做大了，但要成为世界一流能源公司，还需持续不断地努力做强、做优。

2017 年，徐承恩院士提出，在新形势下，我国炼油工业在国内仍然面临着许多严峻的挑战，主要有：

1）我国炼油产能已严重过剩，2016 年炼油厂平均开工率不到 70%，使炼油厂生产成本增加，也大大激化了国内炼油厂的竞争态势；

2）炼油厂平均规模偏小，2016 年全国炼油厂平均规模不到美国的一半，不能体现规模效益；

3）由于我国产业结构的调整，使市场对油品数量的需求发生较大变化，如过去市场销售的柴油、汽油比例曾大于 2∶1，现在急剧降至约为 1.2∶1，使有些炼油厂的装置结构不适应，急需调整；

4）环保要求越来越严格，炼油厂对环保的治理参差不齐，有些炼油厂要做到 VOCs、SO_x、NO_x、氨氮、COD 等的全面达标排放和长期稳定运行，还有难度；

5）炼油厂处理的都是易燃易爆物料，安全第一，人所共知，但有些炼油厂的风险监测系统、预警系统和管理系统尚不够健全，以致事故时有发生，造成不良影响。

为了把炼油和石化企业做强、做优和应对新形势下面临的各种挑战，中国工程院组织有关院士和专家，成立了多个咨询工作组，例如："中国炼油产业可持续发展与区域协调发展重大问题战略研究""我国石化工业转型升级创新发展战略研究""安全可靠、清洁环保型炼油与化工企业构建研究"等，为炼油及石化企业出谋划策。各咨询工作组在进行大量调研工作和充分讨论的基础上，分别提出了战略目标、战略思路和相关的政策建议供国家参考。徐承恩对这些咨询工作都积极参加，从不因年迈而推辞。

企业要提高竞争力，人才是关键。只有一批又一批地陆续培养出各种优秀人才，企业才能长盛不衰。中国石化一直十分重视人才的培养，每年都要求石油化工管理干部学院举办工程技术人员和管理人员的高级培训班。徐承恩牢记总书记和中国石化集团公司领导"要为培养年轻人多作贡献"的教导，积极协助石油化工管理干部学院办好培训班，多次主持催化重整培训班和炼油厂优化培训班，积极贡献自己的力量。

2017 年徐承恩(前排左六)在连续重整装置专家培训班与学员合影

2017 年 3 月 17 日，中国石化“易捷杯”第三届感动石化人物评选结果在京揭晓，徐承恩院士光荣地当选。感动石化人物评选活动是石化系统一项重要的公益活动，每两年举办一次，每次评选出 10 名人物，由中国石化报主办，得到中国石化集团公司的大力支持。这次评选，总部各部门和企事业单位共推荐感动石化人物 73 名，在石化各种媒体上公示后，由评选委员会初评，选出第三届感动石化人物候选人，然后进入投票阶段。投票分三种方式，即总部机关部门投票、企事业单位投票和网上投票，再经过专家综合评定，正式公布 10 名当选者。

在颁奖大会上，时任中国石化集团公司党组书记、董事长王玉普亲自为徐承恩颁奖，大会为他写的颁奖词如下：

为人正，为民生，为炼油尽青春。

舍得一身剐，敢把洋油拉下马。

八千里路尘与土，六十载攻关历衷苦。

大学者有大气象，事业心不减，征服心不老。

胸怀世界，志在东方。

不慕名利，不惊宠辱。

你是 24k 黄金打造的工艺泰斗！

颁奖词给予了徐承恩很高评价，说明业内人士对其为人做事的肯定。

虽然没有海外求学经历，但徐承恩深知博采众家之长的道理，非常重视学习国际先进工艺设计经验，同时认为“尽信书不如无书”，又以实事求是的审慎眼光看待国外技术。徐承恩目光长远，同时具有锐意改革的魄力，善于从宏观着眼，推陈出新。这个特点在徐承恩后期的石化企业管理和国家级咨询论证工作中都有很好的体现。

时任中国石化集团公司党组书记、董事长王玉普为徐承恩颁奖

第三届感动石化人物颁奖会上对徐承恩院士的颁奖词

在第三届感动石化人物颁奖会上主持人敬一丹采访徐承恩院士

第三届感动石化人物高举奖杯向观众示意

附录一　徐承恩大事年表

1927 年　1 岁

1 月 21 日，出生于浙江省诸暨县紫阆乡(原属于富阳县)的一个小康之家。父亲徐义廷(1906—1946)，字秉三，生于光绪三十二年，于诸暨县立中学毕业，曾做过阆苑(紫阆)乡乡长；母亲汪夏菊(1905—1988)，普通家庭主妇。有一姐(徐绥荼)、一妹(徐惠民)、两弟(徐承惠、徐承业)。家有田十五亩，山地两块。另有加工毛竹造纸的作坊。

1933 年　7 岁

9 月，进入浙江诸暨紫阆中心小学就读。紫阆中心小学又称紫阆完小，原名富阳县阆苑小学，为士绅徐振翰、徐巧安等在徐氏宗祠所办。

1938 年　12 岁

7 月，从浙江诸暨紫阆中心小学毕业。

7—12 月，参加浙江省立绍兴中学入学考试失利，于家中继续复习备考。

1939 年　13 岁

1938 年 12 月—1939 年 7 月，于浙江省立绍兴中学附属小学寄宿复读，插班到六年级的下学期。为以后学习打下良好基础。对级任老师蒋仁培印象很深。

5—6 月底，因日军飞机轰炸，迁往绍兴龙尾山上课。

9 月，考入在浙江丽水碧湖的浙江省立临时联合初级中学(今杭州第四中学前身)秋季三班就读。级任老师俞芳，同时任数学教师，毕业于北京师范大学，原在嘉兴中学教书，后随校合并到浙江省立联合初中，教授算数、代数、几何等科目。讲课条理清楚，生活中关心学生，深受学生喜爱。所学课程包括语文、数学、历史、地理、自然、物理、化学、英语、图画、音乐、劳作等。对历史最喜爱，成绩也最好。

1940 年　14 岁

初一年级，在浙江省立联合初级中学上学时，受级任老师谢伯容的影响参加“励志会”，一般成员，当时是以宣传抗日救亡运动的面貌出现的。参加过一次抗日义卖。

1942 年　16 岁

5 月，日军发动浙赣战役。随学校搬迁至浙江省景宁县，途中因营养不良患夜盲症，后治愈。

6 月，毕业于浙江省立临时联合初级中学。

8 月，考取浙江省立临时联合高级中学公费生（抗战胜利后学校改为浙江省立杭州高级中学），10 月入校就读。理化老师徐造华，浙江平湖人。数学老师沈儒全，浙江建德人。语文老师王冥鸿，浙江绍兴人。学校师资很好，教学水平很高。学校图书馆藏书丰富。

1943 年　17 岁

高中二年级，参加“自然科学社”，由校内几个同学为出一期关于自然科学的壁报而临时凑成。通过在图书馆查阅书籍，撰写了一篇关于北京人起源及发展史的科技壁报。

文理分科，出于将来谋生的考虑，选择读理科。

1944 年　18 岁

1944 年，抗日战争进入白热化阶段，国民政府号召 18~25 周岁的青年参军，徐承恩满怀报国热情报名参军，因体育成绩差，又不满 18 岁未被录取。

1945年　19岁

7月，毕业于浙江省立临时联合高级中学。

报考国立英士大学和国立浙江大学。

从《东南日报》得知被两所大学都录取。权衡利弊，选择了国立浙江大学。8月，抗战胜利，国民政府决定当年考上理工科的学生作为建国人才培养，一律公费。9月，进入国立浙江大学化工系就读。

大学一年级学习普通化学、微积分、画法几何、机械画、普通物理。

1946年　20岁

大学二年级学习有机化学、分析化学(包括定量分析、定性分析、应用力学、微分方程、德语等)。有机化学教授为王葆仁，助理为杨士林讲师。

1947年　21岁

大学三年级学习物理化学、工业化学、化工计算等。物理化学老师为吴征铠。

1948年　22岁

大学三年级暑假去上海天源化工厂浦东分厂进行实习，了解了食盐水电解和烧碱、盐酸制备。

1949年　23岁

大学四年级学习化学工程，授课教师为国立浙江大学化工系创办人李寿恒。大学四年级上半年，参与组织过“钱塘化学工业社”，共七人，组织的目的在于如果毕业后万一失业，就合起来搞小型的家庭化学工业。

5月3日，杭州解放。

5月，于国立浙江大学化工系毕业。

5—7月，参加杭州解放后的接管工作，协助杭州市军管会接管浙江保安司令部办的中正中学，在此基础上筹建浙江省干部学校，并在此学习，学习内容为马列主义基本知识，无结业证书。

7月，由浙江省干部学校分配至东北招聘团。

9月，与同学许连德、王昌尧、林敏仙等一起赴辽宁锦州石油六厂(锦州合成厂)工作。

锦州合成厂原为伪满洲国时期日本人建设、德国鲁奇公司设计并提供设备的一座煤炼油工厂。后由国民党接管，只看管五年，未做任何建设工作。1949年，主管部门从天津聘请赵宗燠(德国柏林工科大学化工学院的博士)至锦州合成厂主持技术工作。

1950年　24岁

1950年4月中央人民政府燃料工业部同意锦州合成油厂恢复生产，徐承恩参加恢复生产工作。并在锦州参加中苏友好协会。

1951年　25岁

2月，费-托合成法生产人造石油在锦州合成油厂试运成功，顺利出油，技术指标达到原设计水平。我国第一个煤间接液化制油工厂建成。

1952年　26岁

徐承恩任锦州合成油厂合成场总值班，锦州合成厂煤制油进入稳定生产时期，1952年生产合成油8798吨。

1953年　27岁

2月，调至辽宁省沈阳市东北石油管理局设计处任技术员。

5月，东北石油管理局撤销，调至北京石油设计局。

11—12月，石油管理局组成8个调查组赴大连、抚顺等地调查日本留下的炼油厂(石油一厂至石油十厂)。徐承恩带组赴吉林四平石油八厂调查，发现该厂离建成尚远，但留下的一些高压加氢设备可资利用。后石油管理局决定该厂不再建设，高压加氢设备转移至石油三厂利用。(石油一、二、三、四厂在抚顺，五厂在锦西，六厂在锦州，七厂在大连，八厂在四平，九厂在吉林，十厂在桦甸)。

1954 年　28 岁

石油工业部成立。

4 月任工艺室页岩油炼制组组长。被派往中国科学院大连化学物理研究所配合页岩油评价及页岩渣油能否生产沥青的研究。对页岩渣油进行组成分析并进行不同条件下的氧化实验后，得出页岩油的渣油不可能生产合格沥青的明确结论。

带领马燮琦、冷远图去石油一厂，对该厂东蒸馏车间长期闲置的一套处理量为 150 立方米/天的常压蒸馏设备进行现场设计与修复，以试验页岩油能否进行塔式蒸馏。经过两个月运转试验发现，页岩油塔式蒸馏的实际操作条件和产品质量与用页岩油评价数据计算得到的结果一致，且停工后加热炉管和蒸馏塔内无结焦，证明页岩油用塔式蒸馏的可行性。

（对页岩油蒸馏采用塔式蒸馏的意见是工艺室主任武宝琛提出的，但国内页岩油厂一直沿用老式的釜式蒸馏，因而引起了争论，于是武宝琛提出用工业试验来证明，上述实验由此而来。）

1955 年　29 岁

参加翻译苏联国家石油炼油厂设计院为兰州炼油厂设计的图纸。

1956 年　30 岁

6 月，任北京石油设计院工艺室工程师、副主任。

12 月，与王光林结婚。王光林，1928 年 4 月生，河北清苑县人，中共党员，2006 年去世，毕业于北医护校，1949 年 2 月参加革命工作，曾于北京肿瘤防治研究所、流行病研究所工作，医师，后任统计室负责人，副主任护师。

担任上海炼油厂和玉门炼油厂焦化装置装置设计师。

1957 年　31 岁

第一次申请入党。

10 月，儿子徐彤于北京出生。

患肺结核，身体状况欠佳，组织分配配合茂名页岩油厂苏联专家组的工艺专家沙别利尼科夫工作，随苏联专家组至广州。

1958年　32岁

经石油工业部批准，北京设计院进行改组，将专业室撤销，改为四个综合室。被分配在大型炼油厂设计室进行石油二厂和兰州炼油厂二期的设计工作。

1959年　33岁

国家发现了大庆油田。

1959年8月—1960年1月，在北京煤炭干部学校学习马列主义哲学原理。

1960年　34岁

大庆油田部分油井投产。

2月，受北京石油设计院委派，带领工作组去兰州炼油厂建设“多段逆流催化裂化”工业试验装置。8月因试验条件不具备，石油工业部及北京石油设计院决定停止试验装置建设。8月底，返回北京石油设计院参加设计工作。

6月开始，石油工业部下达大量老炼油厂改扩建及新厂设计任务。

10月，大庆原油运往石油七厂试炼。

1961年　35岁

任第一室工艺组专责审核人。

2月，石油工业部决定在石油七厂开展大庆原油加工会战，北京设计院(原北京石油管理总局设计局)等单位参加。

作为北京设计院的工程师被抽调到石油七厂参加大庆原油加工会战。

被评为石油工业部机关先进工作者。

年底，石油工业部在北京香山召开炼油科研工作会(石油科技工作会)，决定尽快进行流化催化裂化、催化重整、延迟焦化、尿素脱蜡和炼油催化剂、添加剂五个方面的攻关，并要迅速建成工业生产装置(即中国炼油工业的“五朵金花”)。

1962年　36岁

被评为石油工业部机关先进工作者。

担任石油工业部北京设计院第一室工艺审核人。

审核了尿素脱蜡装置工艺设计，攻关尿素脱蜡关键设备反应器结构，采取沉降分离式、套管结晶器等多种形式进行实验。

1963年　37岁

被评为石油工业部机关先进工作者。

任北京设计院第一室工艺审核人。尿素脱蜡装置设计完成。

对石油五厂常减压装置的设计和投产作出重要贡献，提出常压塔塔盘改造和采用多段中段回流等有效措施，显著改进了分馏效果，保证了产品质量，提高了热量回收效果；

1961—1963年连续三年被评为石油工业部机关先进工作者和“五好”职工。

6月，女儿徐彦于北京出生。

1964年　38岁

任北京设计院工艺室主任。

1965年　39岁

5月，被石油工业部任命为石油工业部北京石油设计院副总工程师。

1965年4月，国内自主研发的第一套尿素脱蜡装置建成投产。

翻译卡斯奇等著的《延迟焦化》一书，回顾延迟焦化工艺的开始和发展，并叙述当时在美国石油公司约克顿炼油厂建成的1590立方米/天的延迟焦化装置。

1966年　40岁

1966年“文化大革命”爆发。东方红炼油厂开始筹建，徐承恩在东方红炼油厂选址中参加了部分工作。

1967 年　41 岁

在燕山炼油厂(东方红炼油厂)配合施工。

1968 年　42 岁

参与并审核援助阿尔巴尼亚巴尔什炼油厂设计。

1968—1969 年，在燕山炼油厂配合施工。

1969 年　43 岁

作为副总工程师，主持完成的北京设计院与华东化工学院共同开发并在南京炼油厂建成的中国第一套分子筛脱蜡装置成功投产。

配合施工的燕山炼油厂一期工程建成投产。

1970 年　44 岁

参与并审核援建阿尔巴尼亚巴尔什炼油厂初步设计。

1971 年　45 岁

审核援建阿尔巴尼亚巴尔什炼油厂施工图。

1971 年 3 月，任北京石油化工总厂设计院副总工程师兼技术室副主任。

主持燕山炼油厂二期工程设计。

1973 年　47 岁

参加援建朝鲜枇岘炼油厂谈判并开展设计工作。

1974 年　48 岁

枇岘炼油厂一期工程部分施工图完成交付朝方。中方人员到朝鲜配合施工，朝方曾来中方谈判的技术负责人对中方人员说，徐承恩在谈判中眼光犀利，解释问题中肯，朝方人员很佩服。

1975 年　49 岁

徐承恩参与审核援建朝鲜枇岘炼油厂的二期施工图设计。

1976 年　50 岁

援建朝鲜枇岘炼油厂的二期施工图设计于 1976 年 3 月全部完成。徐承恩在援朝工程设计中功不可没。

1977 年　51 岁

8 月 30 日，北京石油化工总厂设计院机关同意上报徐承恩为先进科技工作者。

主持开展对预应力 V 形折板的试验研究和平面杆系计算程序的开发。

10 月，在北京市科学大会上被评为北京市科学技术先进工作者。

1978 年　52 岁

1 月，被中共北京石油化工总厂设计院委员会评为 1977 年度院先进工作(生产)者。

1978 年 10 月，被石油工业部任命为石油工业部炼油设计院(北京石油设计院)副总工程师。

石油工业部炼化司安排北京石油设计院以上海炼油厂 1 号常减压装置为试点进行节能改造。在其组织下，与中国科学院计算中心合作，采用窄点技术优化换热流程，同时优化分馏塔中断回流取热比例，采用新型高效换热器、空气预热器、炉管吹灰器提高加热炉效率，完成节能改造设计。

出席全国科学大会并受到表彰，获先进工作者称号。

1979 年　53 岁

中国石油学会成立，当选中国石油学会理事。

1979—2000 年，历任中国石油学会理事、常务理事、名誉理事。

上海炼油厂 1 号常减压装置节能改造设计成功实施，降低能耗 35%。石油工业部以此为契机，开展了全国各炼油厂的节能改造工作，取得了显著效果。该成果后来获国家科技进步一等奖。

任北京石油设计院技术委员会副主任。

1980 年　54 岁

2 月 29 日，中国共产党石油工业部党组批复“徐承恩任副院长兼总工程师”的文件，开始任北京石油设计院副院长兼总工程师。

1981 年　55 岁

4 月，应邀参加由国家计委和国家科委组织的“石油化工、化纤引进装置论证专家小组”，对已经国务院决定停、缓建的四套乙烯(大庆、山东各一套，南京两套)、一套芳烃(南京)为主的25套化工装置的建设方案进行了审议和技术论证。

经过实地调查、多方征求意见和多方案对比后，于9月完成了论证报告，提出的意见绝大多数被国务院采纳。

1982年　56岁

3月，随中国能源代表团赴欧共体英、法、德、意、比、荷等国考察新能源。

担任石油工业部提高汽油质量专业组(汽油改质组)组长，进行低铂铼催化重整催化剂的推广应用，承担宽馏分催化重整、甲基叔丁基醚的开发、汽油脱硫醇的改进等项目。其中，甲基叔丁基醚(MTBE)的生产与应用研究，被国家科委列为“六五”攻关项目，任攻关项目组组长。此项目后来获国家科技进步二等奖。

担任国家科委“六五”攻关项目“大庆常压渣油催化裂化技术”攻关组副组长。

1983年　57岁

1月10日晋升为高级工程师(中华人民共和国石油工业部)。

7月，参加以石油工业部孙晓风副部长为团长的石油代表团赴日本考察炼油工业。

9月，主持设计的第一套大庆常压渣油催化裂化工业装置在石家庄炼油厂建成投产，轻质油产率提高到75%以上。

1983年5月—1984年8月，任中国石化总公司北京设计院副院长兼总工程师。

1984年　58岁

5月，在北京由李昌毅、沙展世介绍入党。

1984年8月—1988年11月，任中国石化总公司北京设计院院长。

任院长期间，提出“北京设计院要从只做国内设计向国际型转变，从单一的炼油设计向石油化工型转变，从单纯的设计向工程总承包公司转变”。

9月，成为预备党员。

1985年　59岁

3月，参加以中国石化总公司张皓若副总经理为团长的代表团赴美国考察重油加工技术。

6月，中国石化总公司与美国鲁姆斯公司合资成立华鲁工程有限公司，被任命为董事长。

9月，党员转正。

开展项目“搞好科研、设计、生产三结合，迅速把新成果推向工业化”的研究。

与闵恩泽、谢继谋等共同发起的北京石油学会成立，被推举为理事长。

1985—1997年，连任北京石油学会理事长12年。

1986年　60岁

任北京石油学会理事长、《石油学报》(《石油加工》)编委。

4月，因在“六五”炼油技术攻关组织工作中作出显著成绩，受到中国石油化工总公司炼油技术攻关领导小组表彰。

8月，通过中共中国石化总公司北京设计院第一次党代会选举，任党委委员。

12月，作为第一完成人，项目“搞好科研、设计、生产三结合，迅速把新成果推向工业化”获1985年中国石化总公司科学技术进步三等奖第一名。

1987年　61岁

主持攻关的大庆常压渣油催化裂化技术被评为国家科技进步一等奖。

1988年　62岁

中国石化总公司授予享受教授、研究员待遇的教授级高级工程师职称。

从院长岗位退居二线。

7月，评审福建炼油厂总工艺流程图初步设计。评审福建炼油厂总工艺先期开工流程方案及各设计阶段流程图。

11月，赴荷兰参加ASPEN公司的ASPEN PLUS年会。

1988年11月26日—2000年，任中国石化总公司北京设计院技术委员会主任，负责组织重大技术方案审查，全院技术发展方向、科技干部的培训和考核。

指导福建炼油厂设计，在中国首次实现装置密集布置，全厂工艺装置自动控制集中于一个控制室，消除大管廊、大厂前区的设计旧模式；发图程序从过去"先地上后地下"变成"先地下后地上"。

1989年　63岁

被建设部授予"中国工程设计大师"称号。

继任北京石油学会第二届理事长。在任期间组织北京石油学会多次为改善北京环境献计献策。

1990年　64岁

4月10日，由于七八十年代把新成果推向工业化和科技管理方面作出突出贡献，被中国石油化工总公司评为"突出贡献科技和管理专家"。

6月30日，接受大连市人民政府聘任，任大连开发区炼油项目技术顾问。

1991年　65岁

7月起，因为发展我国工程技术事业作出的突出贡献，享受政府特殊津贴。

在《炼油设计》杂志发表文章《车用汽油质量的发展趋势及其改善途径》。介绍国外对车用汽油含铅量和组成控制日渐严格的发展趋势，总结国外提高催化重整和催化裂化汽油质量以及采用异构化和醚化工艺等改善汽油质量的措施和途径。建议大力发展MTBE工艺和重视汽油调和工艺的研究，合理利用各种汽油组分，获得最大的经济效益。

1992年　66岁

9月30日，福建炼油厂第一批5套装置建成投产，徐承恩在福建炼油厂的可行性研究、初步设计、施工图设计等阶段都起到了重大的决策作用。

1993 年　67 岁

8 月 26 日，被北京市归国华侨联合会评为北京市侨联系统“为实现八五计划和十年规划做贡献活动”先进个人。

应聘担任重质油加工国家重点实验室学术委员会委员。

1994 年　68 岁

被遴选为中国工程院首批院士。

当选为中国石油学会常务理事。

1994—1996 年，任中国工程院化工、冶金、材料学部常委。

8 月 25 日，被聘为北京石油化工学院名誉教授。

指导的福建炼油厂工程设计项目被评为“国家工程设计特等奖”。

2 月，被评为北京市科协学会系统一九九二～一九九三年度最佳理事长。

撰写文章《渣油加工工艺与我国渣油加工现状》，收录于《重油加工国家重点实验室论文集》。

1995 年　69 岁

受聘为国家科学技术奖励化工专业评委会评审委员。

1996 年　70 岁

被北京市科学技术协会常务委员会批准评为北京市科协先进工作者。

1996—1998 年，任中国工程院化工、冶金、材料学部副主任。

任中国石化总公司科技委员会第一届委员。

任《石油学报》《石油炼制与加工》指导委员会委员。

1997 年　71 岁

牵头与李昌毅、马夒琦编写化学工业出版社出版的《化工百科全书》第 14 卷，“石油炼制”词条。

在《炼油设计》杂志发表文章《炼油厂的大型化》，扼要阐述炼油厂实现大型化的优越性、大型炼油厂应具有的规模和建设模式，并提出了通过老厂扩建和新建两种模式。实现炼油厂大型化过程中应注意的问题：①在产品、工艺和设备上满足环保要求；②充分利用轻烃和气体；③发展渣油加氢工艺；④保证长周期运转和解决设备大型化后引起的结构和化学工程问题。

1998 年　72 岁

1998—2000 年，任中国工程院主席团成员。

1998—2003 年，任中国石化总公司第二届科学技术委员会委员。

任化学工程联合国家重点实验室学术委员。

1999 年　73 岁

7 月，北京设计院改革重组，成为以设计为主体、炼化一体化、有大型工程总承包能力的中国石化工程建设公司。

撰写文章《树立正确环保观念，自觉迎接环保挑战》，收录于《中国石化总公司科技委论文集》。

2000 年　74 岁

任中国石化工程建设公司专家委员会主任。

2 月，发表《环境保护将成为促进炼油科技发展的重要动力》一文，收录在《面向 21 世纪石油炼制技术交流大会论文集》，介绍了全球面临的重大生态环境问题及我国生态环境的现状。分析了炼油工业与环境保护的关系，以及在环境保护的前提下，开发环境友好的生产工艺，生产环境友好的石油产品，控制污染物排放技术并以此推动炼油技术的发展。

4 月，撰写文章《亟待引起重视的石油安全问题》，收录于《中国石化总公司科技委论文集》。

5 月，在《石油知识》上发表《汽、柴油质量对大气污染的影响》一文，阐述 21 世纪汽柴油的地位作用，汽油质量对大气污染的影响。

2001 年　75 岁

为侯祥麟院士主编的《中国炼油技术》一书撰写第七章《炼油厂气加工》。

4月，在中国石油炼制技术大会上作《向石油化工延伸是炼油厂增加经济效益的重要途径》报告，提出从国情出发，炼油厂向石油化工延伸有许多优点；可充分利用炼油厂石油化工资源，生产石油化工产品，向石油化工延伸，可以获得较高的回报，可以导致产品的多样性，提高炼油厂市场应变能力和竞争能力，是炼油厂求生存、求发展的重要途径。

评审高桥石化炼油厂800万吨/年润滑油常减压装置设计，对我国第一套大型常减压装置提出重要指导意见。

9月，在《当代石油石化》发表《未来炼油厂的发展趋势》一文，阐述了在炼油工业面临严峻挑战的情况下，未来炼油厂向大型化、清洁化、智能化、一体化、轻质化和灵活化发展的趋势。

任上海石化高级顾问。

2002年　76岁

4月，在《石油化工技术经济》杂志发表《对提升我国石油石化工业竞争力的几点看法》一文，概述了国外石油石化公司为提高国际竞争力而实施的战略措施，分析了我国石油石化企业与国外大公司的差距，提出我国石油石化企业要参与国际竞争，除了从技术上采取许多措施外，还需转变观念，积极开展国际合作，参与国际油气资源的开发，引进海外有真才实学的专家以及加快管理体制的改革，以此来提升我国石油石化工业的国际竞争力。

7月，发表《积极慎重地提高汽柴油质量标准》一文，收录于《中国石油化工集团公司科学技术委员会论文选》，提出提高汽柴油质量标准应理性、慎重。

9月15日，我国自行设计的最大润滑油型常减压装置一次开车成功。

2003年　77岁

2月，主持评审湛江东兴石油化工有限公司连续重整、中压加氢裂化等装置设计。

3月，主持评审黄岛国家原油储备基地国家级战备储库设计。

作为第二完成人的项目“21世纪千万吨/年级炼油厂概念设计(研究)”获得中国石油化工集团公司表彰，获奖等级：三等奖。

5月，主持评审海南炼化项目的四种总加工流程。

5月，参加中国工程院国家重大咨询课题“中国可持续发展油气资源战略研究”，担任其中子课题“石油安全和储备战略”专题组组长，专题组成员有来自中国石油、中国石化及中化公司的12位专家。

6月，在《世界石油工业》杂志发表文章《渣油加工技术的新进展》，介绍国内外各种渣油加工的新工艺。

8月，主持评审大连西太平洋石化有限公司新建制氢装置投资估算。

8月，在《当代石油石化》杂志发表《我国渣油加工技术的新进展及对其发展的思考》一文，分析了近年来我国渣油加工技术的新进展，并就发展我国渣油加工技术提出了几点建议。

2004年　78岁

6月，“中国可持续发展油气资源战略研究”课题组向温家宝总理汇报研究成果，温总理给予了高度评价，认为这一咨询成果对国家制定中长期发展规划和能源战略具有重要意义。

在《世界石油工业》杂志发表文章《我国炼油工业面临的艰巨任务》。

任《石油学报》(石油加工)编委会顾问。

2005年　79岁

3月，主持评审燕山石化公司炼油厂1000万吨/年炼油系统改造工程的中央控制室、隔爆要求、办公楼位置等设计方案。

6月，主持评审福建炼油厂乙烯项目常减压蒸馏装置减压深拔技术等设计方案。

7月，主持评审海南炼化续建项目图幅管架方案。

8月，主持评审中国海洋石油总公司惠州炼油项目总图平面布置、加工总流程、全场自动控制、开停工等方案设计。

11月17日，主持评估海南炼化续建项目采用的无缝钢管的使用情况。

2006年　80岁

主编《催化重整工艺与工程》，由中国石化出版社出版。内容包括：催化重整发展历史，催化重整化学、工艺过程和操作参数，催化重整原料和产品，催化重整催化剂和催化剂的失活与再生等。

7月10日，主持评审兰州石化300万吨/年重油催化裂化及40万吨/年气分装置的安全泄放系统设计。

2007年　81岁

1月，在《世界石油工业》杂志发表文章《当前石油石化工业发展中的几个趋势——面对国际国内多变的市场，石油石化工业面临严峻的挑战，项目建设必须慎重》，提出提高企业集中度，向炼油化工一体化、大型化发展，我国石油石化工业竞争力不强的主要原因之一是企业集中度不高，规模较小。

9月，在《当代石油石化》杂志发表文章《当前我国炼化工业发展中值得关注的几个趋势》，阐述了当前我国炼化工业发展中值得关注的五大趋势，指出在发展炼化项目时对此应予以充分重视。

2008年　82岁

3月，主编的《催化重整工艺与工程》获得中国石油化工集团公司2007年度科技进步奖一等奖，排名第一。

12月22日，参加北京石油学会第六次会员代表大会暨学术报告会。

2009年　83岁

1月，主审的《石脑油催化重整(第2版)》(原书由[美]George J. Antos，[沙特阿拉伯]Abdullah M. Aitani主编)出版，主要内容包括：石脑油重整化学、重整催化剂、催化剂的失活与再生、技术与应用等。

11月，在中国石油炼制技术大会上发表论文《石油替代燃料路在何方》。收录于《中国石油炼制技术大会论文集》，由中国石化出版社出版。

2010 年　84 岁

2010 年 9 月在中国石化工程建设有限公司新入职大学生座谈会上，要求新入职大学生要把自己锻炼成为具有知识、能力、品德的高素质的人才。

2011 年　85 岁

在主题为“绿色低碳经济时代炼油工业的清洁生产与增效”的中国石油炼制技术大会上发表文章《加快天然气(常规和非常规)的开发、利用是实现碳减排的重要措施》。

2012 年　86 岁

徐承恩向公司表示，自己年纪大了，不再做博士后工作站导师了，提出让中年专家担任导师。但仍担任博士后工作站的顾问，继续为培养人才贡献他的学识和智慧。

2013 年　87 岁

被聘为中国石油化工集团公司第三届科学技术委员会顾问。

2 月，在《世界石油工业》发表文章《页岩油的开发利用大有可为》，阐述页岩油开发利用对我国石油工业的重要性。

10 月，在《中国石化报》(第 4 版)发表书评，《压力容器设计的新指南——〈压力容器工程师设计指南〉修订版评介》。

2014 年　88 岁

主编的《催化重整工艺与工程》(第二版)问世。

2016 年　90 岁

《催化重整工艺与工程》(第二版)获得中国石油和化学工业联合会组织评选的“2016 年中国石油和化学工业优秀出版物奖图书奖一等奖”。

2017 年　91 岁

3 月，在石油化工管理干部学院主持催化重整装置专家培训班。

3 月，被评为中国石化“易捷杯”第三届感动石化人物，时任中国石化集团公司董事长王玉普亲自为其颁奖。

2023 年　97 岁

12 月 3 日，因病医治无效在北京逝世。

附录二 徐承恩学术代表作目录

(一) 论文

[1] 徐承恩．车用汽油质量的发展趋势及改善途径[J]．炼油设计，1991(3)：1-7，28.

[2] 徐承恩．炼油厂的大型化[J]．炼油设计，1997，27(5)：1-4.

[3] 徐承恩．关于炼油厂大型化的思考[C]//中国石化总公司科学技术委员会论文选．中国石油化工总公司，中国石油化工集团公司，1997：49-56.

[4] 徐承恩．车用汽油质量的发展趋势及改善途径[C]//中国科学技术文库院士卷4. 北京：科学技术文献出版社，1998：4138-4143.

[5] 徐承恩．树立正确环保观念自觉迎接环保挑战[C]//1999年中国石油化工集团公司科学技术委员会论文选，中国石油化工集团公司，1999：293-298.

[6] 徐承恩．环境保护将成为促进炼油科技发展的重要动力[C]//面向21世纪石油炼制技术交流会论文集，1999：29-33.

[7] 徐承恩．亟待引起重视的石油安全问题[C]//21世纪中国石油发展战略．中国石油论坛报告文集，2000：50-53.

[8] 徐承恩．汽、柴油质量对大气污染的影响[J]．石油知识2000(5)：4-7.

[9] 徐承恩．未来炼油厂的发展趋势[J]．当代石油石化，

2001，9(5)：1-5.
[10] 徐承恩．向石油化工延伸是炼油厂提高经济效益的重要途径[J]．炼油，2000(4)：12-16.
[11] 徐承恩．汽柴油质量对大气污染的影响[C]//中国环境问题院士谈．北京：中国纺织出版社，2001：329-343.
[12] 徐承恩．环境保护将成为促进炼油科技发展的重要动力[C]//中国科技发展经典文库．北京：中国言实出版社，2001：2358-2360.
[13] 徐承恩．对提升我国石油石化工业竞争力的几点看法[J]．石油化工技术经济，2002(4)：9-12.
[14] 徐承恩．向石油化工延伸是炼油厂提高经济效益的重要途径[J]．世界石油工业，2002(5)：42-45.
[15] 徐承恩．积极慎重地提高汽柴油质量标准[C]//中国石油化工集团公司科学技术委员会论文选，2002：390-394.
[16] 徐承恩．渣油加工技术的新进展[J]．世界石油工业，2003(6)：36-39.
[17] 徐承恩．我国渣油加工技术的新进展及对其发展的思考[J]．当代石油石化，2003，11(8)：1-4.
[18] 徐承恩．我国炼油工业面临的艰巨任务[J]．世界石油工业，2004，11(6)：24-27.
[19] 徐承恩．石油战略储备是保障石油安全的重要措施[C]//广东石油和化工发展(茂名)研讨会报告文集，2005.
[20] 徐承恩．当前我国炼化工业发展中值得关注的几个趋势[J]．当代石油石化，2007，15(9)：1-6.
[21] 徐承恩．石油替代燃料路在何方[C]//中国石油炼制技术大会论文集，2009：11-17.
[22] 徐承恩．页岩油的开发利用大有可为：中国页岩油的储量仅次于美国，位居世界第二[J]．世界石油工业，2013，

20(2)：24-26.

[23] 徐承恩，武魏楠. 中国炼油业“拓荒时代”的历史回忆[J]. 能源，2015(7)：108-112.

[24] 徐承恩. 大炼化时代美国经验可以借鉴[J]. 中国石油企业，2019(4)：54.

[25] 杨启业，徐承恩. 砥砺奋进四十年 炼油工业换新颜[J]. 石油学报(石油加工)，2019，35(5)：825-829.

(二) 著作及译著

[1] 徐承恩(主编). 催化重整工艺与工程[M]. 北京：中国石化出版社，2006.

[2] 徐承恩(编委及主要撰稿人). 中国炼油技术[M]. 北京：中国石化出版社，2001.

[3] 徐承恩等译 . 延迟焦化[M]. 北京：中国工业出版社，1965.

[4] 徐承恩(主审). 石脑油催化重整[M]. 北京：中国石化出版社，2009.

[5] 徐承恩(主编). 催化重整工艺与工程[M].2 版 . 北京：中国石化出版社，2014.

(三) 报告及其他

[1] 徐承恩等 . 石油安全和储备战略专题报告[R]. 中国工程院国家重大咨询课题中国可持续发展油气资源战略研究报告，2004.

[2] 徐承恩 . 催化重整的历史沿革与展望[R]. 中国石化工程建设有限公司青年职工培训 . 石油化工干部管理学院，2013.

附录三　中国石化工程建设有限公司机构沿革示意图

<table>
<tr><td>燃料工业部石油管理总局设计处</td><td>东北石油管理局</td><td colspan="3">玉门矿务局</td><td rowspan="3">燃料工业部石油管理总局</td></tr>
<tr><td colspan="5">燃料工业部石油管理总局设计局 1953. 4—1956. 6</td></tr>
<tr><td>工厂设计室</td><td>车间工艺室</td><td colspan="2">车间安装室</td><td>……</td></tr>
<tr><td colspan="5">石油工业部北京设计院 1956. 6</td><td rowspan="13">石油工业部设计管理局</td></tr>
<tr><td>工艺室</td><td>工厂设计师室</td><td colspan="2">工厂安装室</td><td>……</td></tr>
<tr><td colspan="5">北京设计院组织机构调整，专业室改为综合室 1958</td></tr>
<tr><td>一室(大型天然油炼油厂设计室)</td><td>二室(中型天然油炼油厂设计师)</td><td colspan="2">三室(大型人造油炼油厂设计室)</td><td>四室(中小型人造油炼油厂设计室)</td></tr>
<tr><td colspan="5">成立兰州综合设计室(驻兰州炼油厂)，1959</td></tr>
<tr><td colspan="5">北京勘察设计院并入北京设计院，1960. 6</td></tr>
<tr><td>工艺室</td><td>工厂系统室</td><td>土建室</td><td>兰州综合设计室</td><td>……</td></tr>
<tr><td colspan="5">机构精简，取消兰州设计室，1960</td></tr>
<tr><td>一室(工艺、自控、工艺安装)</td><td>二室(总图、工厂安装、给排水、电工、热工)</td><td>三室(机械、设备、加热炉、建筑、结构、预算、采暖通风)</td><td>四室(出版、档案)</td><td>技术室</td></tr>
<tr><td colspan="5">适应天然油发展，调整机构，1962</td></tr>
<tr><td>工艺室</td><td>工艺安装室</td><td>设备室</td><td>动力室</td><td>土建室</td></tr>
<tr><td colspan="5">“文革”期间改为联队编制，1969</td></tr>
<tr><td>一连(留京，援外项目及东方红炼油厂二期项目)</td><td>院部和二连(湖北钟祥县建点)</td><td colspan="3">三连(湖北荆门设计三线荆门炼油厂)</td></tr>
<tr><td colspan="5">外地机构返京，回归北京设计院，1973. 11</td><td rowspan="2">燃料化学工业部</td></tr>
<tr><td colspan="5">成立炼油设计院，1974. 11</td></tr>
</table>

续表

石油化学工业部炼油设计院，1976	石油化学工业部
石油化学工业部北京炼油设计研究院	
中国石油化工总公司北京石油设计院，1983	中国石油化工总公司
中国石油化工总公司北京设计院，1984	
中国石化北京设计院，1992	
中国石化工程建设有限公司，1999	中国石化集团公司

附录四　追忆文章：我的父亲徐承恩

小时候印象中父亲总是非常忙。早出晚归地上班，开会。要么就是出差，全国各地跑。我那时人小，不懂父亲的工作是干什么的，只觉着好像非常重要，要花很多时间。因为父母工作忙，我三岁就上全托幼儿园。开始是在东郊，星期一早上坐班车去，周六下午坐班车回来。班车站在石油工业部大楼门口。父亲要是没出差，有时会接我去他的办公室，等他下了班，和大家一起“晚汇报”，唱了《大海航行靠舵手》再回家。第一次觉得父亲特能是有一次因为得了麻疹被隔离在幼儿园，周末回不了家，正难过时，父亲从天而降，突然出现。我当时觉得他真神了，居然没有班车还能来幼儿园看我。后来幼儿园搬到我家对面，从操场上就能看到我家的大门，也还是一周回家一天。因为离得近，上大班时已可以不用父母接送。周一早上自己去，周六下午老师说可以走了就自己跑回家。

每次父亲出差回来都是我最高兴的时候。因为每次他都会想方设法带回一些各地的特色食品，上海的绿豆糕，无锡的大排骨，武汉的云片糕……最棒的是有两次过年前父亲出差回来带了些花炮。大年三十，几乎全楼的小孩都聚在我家门前的走廊上放花炮，开心极了。可惜后来规定不能带烟花坐火车，就再也没了，因为北京那时还没得卖。

因为父亲工作忙，又经常不在家，家里日常生活基本上是母亲打理。母亲自己也是对工作非常投入的人，上班又远一些，每天也是早出晚归。还好外婆和我们住，我和哥哥上学不用带钥匙，中午就在设计院吃食堂。小时候我家的晚饭基本上是全楼最晚的，常常是邻居家的孩子都吃完出去玩了，我家还没开饭，因为父母都没回来。建东方红炼油厂时父亲去房山工作，只能周末回来一天，工作忙的时候甚至周末也回不来。父亲本来不会做饭，在房山过的是单身生活，每天吃食堂。炼油厂初建时条件很差，伙食不好，工作又非常紧张，母亲很担心父亲的身体吃不消。开始时是在父亲周末回家时多做点好菜让父亲带上山，那时没有冰箱，冬天还好，天气热时，带的菜放不住，吃不了两天。后来母亲只好教父亲做饭。母亲烧菜手艺一流，父亲仅仅学了几样家常菜，可因为是得了母亲的真传，烧出来也很美味可口，只是他在山上是不是真有时间做，我就不知道了。我上高中时倒是曾得益于父亲的手艺。那时高考已经恢复，学习开始紧张起来。我晚上睡得晚，早上起不来。父亲当时已从房山回到设计院，他每天早早起来，先做好鸡蛋汤再叫我起床，等我洗漱完毕，汤已经不烫了，热热地喝下去，出门赶车上学身心都是暖暖的。

母亲身体不太好，有胃病，犯的时候常常会疼得直不起腰。直到 1981 年做了胃大部切除手术后才解除了病痛。父亲在家时尽量不让母亲干重活，把洗衣服、打扫卫生都揽了下来。我和哥哥长大一些后父亲也训练我们做家务，尽量减少母亲的负担。小时候从来没有听到母亲抱怨父亲工作太忙顾不了家，一直觉得母亲非常支持父亲的工作，尽量不让父亲担心家里的事。唐山大地震时父亲不在家，我们住的楼成了危房不能住人，母亲让舅舅接外婆去了西安，带我去了她工作的北大医院，留哥哥在六铺炕自己管自己，父亲好像是在房山忙着抗震回不来，一家人分散在四个地方。后来想想母亲当时可能是很紧张的，因为还有余震，不知道还会发生什么。我们隔壁邻居家的厨房房顶就在一次余震时整个掉了下来。很多年以后和母亲闲聊时才得知，父亲不在家时，母亲的心理压力挺大的。一是觉得没有主心骨，那时家里没有电话，联系不方便，有事没人商量。二是担心父亲的安全，因为炼油厂、化工厂一旦出大事故，会有很多伤亡。记得当年向阳化工厂爆炸，除了牺牲的，有不少工人被大面积烧伤，北京多家医院都住有伤员，包括母亲工作的北大医院。

我一直很庆幸自己生长在一个幸福的家庭。父母之间互敬互爱，结婚近五十年，好像都没吵过架。嫂子进门后对父母孝敬有加，好到母亲会说媳妇比闺女好。这话倒真的没错，因为我长期在国外，照顾父母的事全由哥嫂承担。母亲去世后，他们把父亲的生活照顾得很周到，旅游都是分头出去，以保证至少有一人在家以备不时之需。家庭的和睦让父亲工作起来没有后顾之忧，可以一心扑在事业上。父亲1949年参加工作，长期投身于能源工业的建设，工作已是他生活的一部分。母亲走了以后，我请父亲到美国住一段时间休息休息。本来我想是住半年，起码也得三个月，可他非坚持要买一个月后的回程票。来了不久就待不住了，闲得难受。我想陪他去其他地方走走，但他说很多地方已去过了，不想耽误我们的工作。恰好中国石化总公司要办培训班请他主持，这下他高兴了，立刻开始构思培训大纲。一个月后起身回国，以后也不想再来了。

父亲对名利看得很淡，只是认真做好本职工作。小时候有时听他说要去友谊宾馆或者北京饭店谈判援外项目，听起来像是很光荣的任务。直到多年后有一次听哥哥说起来，我才知道父亲那时因为不是党员，是不能上谈判桌的，只能在幕后参谋。父亲对此无所谓，他觉得只要能把工作做好，他在台上台下都没关系。改革开放以后，父亲的才能和成就得到越来越多人的认可，头衔越来越多，红皮证书拿了一摞，他只是随便塞在书柜里。父亲从来不刻意追求什么，把得到的名誉都归结于他比较幸运。我也不知道他在外面有多大名气。后来去美国读书，有一个同学出国前是华东石油学院的老师。有一次同学聚会聊起来，我说我爸也在石化系统工作，她问是谁，我说了名字。结果她大叫说没想到你爸就是大名鼎鼎的徐承恩，他来我们学校可是大事，我们领导都很重视，亲自接待……我有点发愣，头一次听人在父亲名字前冠以大名鼎鼎。名利对于父亲并不重要，也不是他的追求，他欣赏并以身实践的是林则徐的名言：苟利国家生死以，岂因祸福避趋之。

父亲没有什么特别的嗜好，也不很讲究吃穿，对生活知足常乐，唯对历史情有独钟。他小时候曾经幻想过做历史老师，但当时战乱，学文不如学理容易找饭碗，遂读了理科；但对历史的情结一直没有放下，喜爱读书和旅行，崇尚“行千里路破万卷书”。因为工作关系，他去了很多地方。每到一地，如果有机会，他都会去探寻古迹。儿时家里没有电视，父亲难得有空的时候就会给我们讲故事，三国、水浒，或者历史上的文人轶事和皇朝的争权夺利。可惜那时人小，很多故事听得似懂非懂，大部分都没记住。父亲对我们买书和旅行都是大力支持的，常和我们说应该多出去走走，游览名山大川可以使人心胸开阔。对于读书，父亲常说的一句话是“尽信书不如无书”。提醒我们不要死读书，要有自己的见解。

父母亲待人厚道，亲戚朋友有需要都会尽力帮忙。同事家里有纠纷找上门，父亲会立刻放下手头的事赶去调解。朋友有困难需要借钱，父母也没二话，对亲戚就更是关怀有加。以前计划供应时，他们会把凭购货本买的白糖、粉丝等能存得住的东西节省下来，给在东北的亲戚来北京时带走，因为他们那儿的供应不如北京。有一次二姨摔断了大腿骨，躺在家里动不了。在兵团的表姐赶回来照顾她，家里经济紧张，父母就按月给表姐发工资，直到二姨完全恢复。“文革”时，住在我家楼下的一位老太太被划成地主婆，她的子女下放去了外地，老太太一个人冬天没有火炉取暖，父母就把我家的炉子送给她用。那时候这事儿不敢声张，只能趁天黑时悄悄地搬下去。

父亲做事讲究认真实在。有一阵他组织编书，花了很长时间审稿修正，稿子达不到标准就不能通过。他在美国时写好了培训大纲让我帮他电邮回公司，我打错了两个字，发邮件前让父亲检查，他一眼就发现了，让我马上改过来再发。我小时候，他对我在学校里得了多少分不大在意，拿了双百没什么奖励，考得不好也不会被骂。只让我弄明白错在哪儿，把知识搞懂。初学描红模字的时候，我写完的本子上完全看不出来原来的红模字什么样，一学期下来得了不少2分。父亲看了也不生气，知道我是写的不是描的。他给我买来大字本，让我寒假每天在家练习。这样练了一个假期，我的字长进不少，开学以后写字就不再拿2分，而开始有红圈儿，得5分了。父亲虽然工作认真，生活上却有马大哈的时候。有次父亲去上海出差，母亲让他买双皮鞋，仔细说好了式样、尺码。父亲把鞋子买回来，样子尺寸都对，母亲很高兴，可拿出鞋来一看，鞋跟上有个不小的洞。当时家里人都笑成了一团，笑父亲买东西不看货。父亲是很无辜的样子，他以为商店卖的正品是不应该有问题的，拿哪个都一样，不用挑。

父亲念书的时候正值战乱，在颠沛流离中吃了不少苦。我小时候物质并不丰富，但父亲觉得生活比他小时候好多了，生怕我被娇生惯养，长大以后离开家独立生活有问题。那时候家里唯一的电器是收音机，没听说过家用洗衣机，衣服都是用搓板手洗。父亲有系统地训练我洗衣服，从上幼儿园时洗手绢开始，随着年龄增长，力气渐大，慢慢过渡到洗大件衣物，直到能洗床单。做饭也是，从洗碗开始，到烧饭、炒菜，一样样学。倒不是一定指着我做多少家务，目的只是培养我的生活自理能力。我烧的菜毕竟不及母亲做的好吃。在家的时候吃饭是非常愉悦的时光，不单享受母亲烹调的美食，更喜欢家里人聚在一起谈天说地，无论是谈论时局还是商议家事，小孩子都有发言权，从来不会被斥责不懂事别胡说。

对于子女的生活事业，父母一直是只给参考意见，大主意要我们自己拿。我报考大学时，父亲希望我考虑化工和土木专业，而我想去浙大光学仪器系，因为浙大是父亲的母校，光学仪器听起来像是适合女孩子的专业，而我对化学兴趣不大。母亲大概不想让我跑那么远，但也只是说以我的成绩上清华应该完全没问题，报浙大有点可惜。我的好胜心受了点儿刺激，这才把清华精仪系放在了第一志愿。上大学时去江南玩了一圈后，才真的庆幸当初听了母亲的话没去浙大。我对杭州的蚊子过敏，在浙大只住了一个星期，身上就被叮了很多包，而且全部红肿流脓，体无完肤。真不敢想象去那儿待四年会怎么样，从此信了“不听父母言，吃亏在眼前”的老话。大学毕业实习时刚过完暑假，天气还很热，母亲却让我带上棉毛裤、尼龙衫。我很不以为然，但因为有前车之鉴，还是乖乖地背上了。快要回北京时赶上寒流，我把带的厚衣服都穿上了才不冷，又一次感谢母亲的英明。

父亲的英明体现在作决定上。我上研究生时被诊断有甲状腺结节，有可能要做手术。母亲当时在北大医院肿瘤所外科工作，熟悉信任那里的大夫，想让我去肿瘤所治疗。可是清华的合同医院是北医三院。我就托了在北医三院工作的好友开出了转院单。去肿瘤所看了以后，一个大夫建议手术；另一个说问题不大可以先吃药保守治疗看看，不行再手术。我和母亲很纠结，做手术吧，如果吃药能治就白挨一刀；不做吧，以后需要做时可能难再开出转院单。回家问父亲，父亲说这事儿很简单，建议吃药的医生经验更丰富，先保守治疗，能不开刀最好。转院单不是问题，万一以后需要手术，即使没有转院单我们可以自费。一句话说得我茅塞顿开，问题的主次一下子变得清清楚楚。我吃了一段时间药再检查就没事儿了。父亲的决定不仅让我免受皮肉之苦，更让我学到遇事要抓住关键而不必纠缠于枝节。

父母对子女的教育没讲过什么大道理，只是以他们的为人处世引导我们真诚待人，认真做事，自立自强。感谢父母的养育教诲，哥哥和我成年以后都有了自己的事业和幸福家庭。我们引以为豪的是没有借助父亲的权力和关系，而是凭借自己的努力走自己的路。我想这也是父亲所期望的。

我对父亲的事业了解不多，从小到大切身体会到的是他对家人的关爱。他对工作专注投入，对家庭亦是尽心尽责。我为有这样一个好父亲而感恩不尽。

作者：徐彦，徐承恩之女，北京四中高中毕业后进入清华大学精密仪器及机械学系学习，获学士、硕士学位后留校任教，并在 CIMS 中心进行计算机辅助设计研究。赴美留学后获宾夕法尼亚大学机械工程及应用力学博士学位，现在美国公司研究开发用于远程及数据通信的光电器件。

参考文献

[1] 杨雪黎，张彬. 留学生与中国近代高等工程教育[J]. 高等工程教育研究，2006(3)：114-117，128.

[2] 陈歆文. 中国近代化学工业史[M]. 北京：化学工业出版社，2006：306-309.

[3] 陈鉴远. 中国科学技术专家传略(工学编 · 化工卷 1)[M]. 北京：中国科学技术出版社，1999：25-26.

[4] 李哲. 我国化工教育事业的杰出贡献者——李寿恒[J]. 化工管理，2012(5)：71-74.

[5] 衣保中，林莎. 论近代东北地区的工业化进程[J]. 东北亚论坛，2001(4)：54-56，64.

[6] 陈贵信. 赵宗燠与中国的人造石油和能源科技事业[J]. 中国科技史料，1994，15(3)：40-43.

[7] 张万欣. 当代中国的石油化学工业[M]. 北京：中国社会科学出版社，1987：4.

[8] 石建国. 东北工业化研究[D]. 北京：中共中央党校，2006.

[9] 武衡. 东北区科学技术发展史资料(10) · 解放战争时期和建国初期 · 石油工业[M]. 北京：中国学术出版社，1989：327.

[10] 张叔岩. 20 世纪上半叶的中国石油工业[M]. 北京：石油化工出版社，2001：252.

[11] 贾芝. 延河儿女[M]. 北京：人民出版社，1999：553.

[12] 张叔岩. 20 世纪上半叶的中国石油工业[M]. 北京：石油化工出版社，2001：132.

[13] 陈贵信. 我国人造石油之父——赵宗燠[J]. 化工管理，2013(1)：66-71.
[14] 抚顺石油工业志编委会. 抚顺石油工业志(1909—1987)[M]. 辽宁人民出版社，1989：729-730.
[15] 沈志华. 冷战中的盟友　社会主义阵营内部的国家关系[M]. 北京：九州出版社，2013.
[16] 中共中央文献研究室. 周恩来年谱(1949—1976)上卷[M]. 北京：中央文献出版社，1997：306，308.
[17] 当代中国的石油化学工业编辑委员会. 当代中国的石油化学工业[M]. 北京：当代中国出版社，2009：42.
[18] 中国炼油工业编辑委员会. 中国炼油工业[M]. 北京：石油工业出版社，1989：64.
[19] 佚名. 发动全民，讨论四十条纲要，掀起农业生产的新高潮[N]. 人民日报，1957-11-13.
[20] 中共中央文献研究室. 建国以来重要文献选编(第十一册)[M]. 北京：中央文献出版社，1995：539.
[21] 佚名. 石油七厂的今昔[J]. 石油炼制与化工，1959(18)：36-38.
[22] 吴协刚. 当代北京石油化工[M]. 北京：北京日报出版社，1989：24.
[23] 佚名. 技术改造挖潜力节能再创新水平[J]. 中国能源，1980(4)：9-11.
[24] 马爱增. 连续重整装置设计参数研究[J]. 石油炼制与化工，2013，44：64-69，65.
[25] 徐承恩. 催化重整工艺与工程[M]. 北京：中国石化出版社，2006：1-87.
[26] 中国石化报社. 辉煌之页：新中国石油石化工业五十年光辉足迹[M]. 北京：中国石化出版社，2000：85.

[27] 刘九如，唐静. 罗沛霖传[M]. 北京：高等教育出版社，2013：184-188.

[28] 李新. 林华论化工及能源[M]. 北京：化学工业出版社，1997：278.

[29] 侯祥麟. 侯祥麟自述我与石油有缘(1912—2008)[M]北京：石油工业出版社，2012.

[30] 钱伯章. 中国化工和石化业近期发展现状与进展[J]. 石油化工技术经济，2003，19(2)：4-11.

[31] 国家经委外资企业管理局. 中国外商投资企业概况[M]. 北京：经济科学出版社，1989：391.

[32] 余秋里. 余秋里回忆录[M]. 北京：人民出版社，2011.

[33] 当代中国研究所. 中华人民共和国史稿[M]. 北京：人民出版社，当代中国出版社，2012.

后　　记

2015年夏天，中国石化集团公司宣传工作部启动了《中国工程院院士传记 徐承恩传》编撰项目。中国石化工程建设有限公司决定在此前中国科协牵头实施的“老科学家学术成长资料采集工程”的采集报告基础上，继续与首都师范大学冯晓颖博士和刘树勇副教授合作完成徐院士传记。

徐承恩院士年近九十的时候仍然步履坚定，坚持每天打卡上、下班，推动石油石化行业技术创新，亲历行业发展。徐院士在采访中向我们详细地讲述了他的父亲母亲、童年生活、学生时代以及参加工作之后各个时期的经历。在采访和写作的过程中，我们深深感受到徐院士身上体现出的科学家精神——胸怀祖国、服务石化的爱国精神，勇攀高峰、敢为人先的创新精神，追求真理、严谨治学的求实精神，淡泊名利、忘我奋斗的奉献精神，集智攻关、团结合作的协同精神，甘为人梯、奖掖后学的育人精神，他总是把得到的名誉都归结为他“比较幸运”，他欣赏并以身实践的是林则徐的名言“苟利国家生死以，岂因祸福避趋之”。

我们还采访了徐院士的相关亲友、同事、学生等，如曹湘洪院士、李大东院士、袁晴棠院士、杨启业院士，以及中国石化工程建设有限公司原总经理兼党委书记孙丽丽院士、执行董事兼党委书记吴德飞、原院长刘英烈、原副院长李学诚、原副院长李玉龙、原总工程师李昌毂、原总工程师李志强、原副总经理郑立军、中国石化工程建设有限公司副总工程师童以豪、罗家弼和王玉翠等。大家不约而同地对徐承恩院士的学术水平和为人处世给予了极高的评价。

编撰工作基本完成后，中国石化工程建设有限公司党委工作部邀请齐鲁石化报副总编宗建华帮忙修改润色。在《徐承恩传》的编撰过程中，中国石化工程建设有限公司原技术部经理蒋荣兴，以及张维忠、王桂根、沙援也给予了极大的帮助、给出了许多宝贵的指导意见，在此一并表示诚挚的感谢！

在编撰过程中，我们与徐承恩院士结下了深厚的感情。除了仰慕徐院士的才华和他的爱国情怀，我们还衷心感谢他为中国石化事业作出的巨大贡献。遗憾的是，2023 年 12 月 3 日，徐承恩院士因病医治无效在北京逝世，永远地离开了我们，离开了他为之奋斗一生的石化事业。但是，我们坚信，他的精神永存，并激励着一代又一代石化人共同书写中国石化事业更加美好的未来。